CHRISTUS VIVIT

EXORTAÇÃO APOSTÓLICA PÓS-SINODAL

CHRISTUS VIVIT

PAPA FRANCISCO

AOS JOVENS E A TODO
O POVO DE DEUS

Direção-geral: *Flávia Reginatto*

Editora responsável: *Maria Goretti de Oliveira*

1ª edição – 2019
2ª reimpressão – 2024

Nenhuma parte desta obra poderá ser reproduzida ou transmitida por qualquer forma e/ou quaisquer meios (eletrônico ou mecânico, incluindo fotocópia e gravação) ou arquivada em qualquer sistema ou banco de dados sem permissão escrita da Editora. Direitos reservados.

© 2019 Libreria Editrice Vaticana

Cadastre-se e receba nossas informações
www.paulinas.com.br
Telemarketing e SAC: 0800-7010081

Paulinas
Rua Dona Inácia Uchoa, 62
04110-020 – São Paulo – SP (Brasil)
📞 (11) 2125-3500
✉ editora@paulinas.com.br

© Pia Sociedade Filhas de São Paulo – São Paulo, 2019

LISTA DE SIGLAS

AL	*Amoris Laetitia*
CIgC	Catecismo da Igreja Católica
DCE	*Deus Caritas Est*
DF	Documento Final da XV Assembleia Geral Ordinária do Sínodo dos Bispos
DV	*Dei Verbum*
EG	*Evangelii Gaudium*
GeE	*Gaudete et Exsultate*
GS	*Gaudium et Spes*
LG	*Lumen Gentium*
LS	*Laudato Si'*
PDV	*Pastores Dabo Vobis*
PP	*Populorum Progressio*
VG	*Veritatis Gaudium*

1. CRISTO VIVE: é Ele a nossa esperança, e a mais bela juventude deste mundo! Tudo o que Ele toca se torna jovem, se torna novo, se enche de vida. Por isso, as primeiras palavras que quero dirigir a cada um dos jovens cristãos são: Ele vive e te quer vivo!

2. Ele está em ti, Ele está contigo e nunca te abandona. Por mais que te distancies, ali está o Ressuscitado, chamando-te e esperando-te para começar de novo. Quando te sentires envelhecido pela tristeza, ressentimentos, medos, dúvidas ou fracassos, Ele estará ali para te devolver a força e a esperança.

3. A todos os jovens cristãos escrevo com carinho esta Exortação Apostólica, isto é, uma carta que recorda algumas convicções de nossa fé e que ao mesmo tempo nos encoraja a crescer em santidade e no compromisso com a própria vocação. Mas como se trata de um marco dentro de um caminho sinodal, dirijo-me ao mesmo tempo a todo o povo de Deus, a seus pastores e fiéis, porque a reflexão sobre os jovens e para os jovens convoca e estimula a todos nós. Por isso, em alguns parágrafos falarei diretamente aos jovens e em outros oferecerei abordagens mais gerais para o discernimento eclesial.

4. Deixei-me inspirar pela riqueza das reflexões e dos diálogos do Sínodo do ano passado. Não poderei recolher aqui todas as contribuições que poderão ler no Documento Final, mas tratei de assumir na redação desta carta as propostas que pareceram mais significativas para mim. Desse modo, minha palavra estará carregada de milhares de vozes de fiéis de todo o mundo que fizeram chegar suas opiniões para o Sínodo. Mesmo os jovens não fiéis, que quiseram participar com suas reflexões, propuseram questões que em mim fizeram surgir novas perguntas.

Capítulo I
O QUE A PALAVRA DE DEUS DIZ SOBRE OS JOVENS?

5. Resgatemos alguns tesouros das Sagradas Escrituras, nas quais várias vezes se fala dos jovens e como o Senhor vai ao seu encontro.

No Antigo Testamento

6. Em uma época em que os jovens contavam pouco, alguns textos mostram que Deus os olha com outros olhos. Por exemplo, vemos que José era o menor da família (Gn 37,2-3). Mesmo assim, Deus lhe comunicava coisas grandes em sonhos e superou a todos os seus irmãos em importantes tarefas quando tinha 20 anos (Gn 37–47).

7. Em Gedeão, reconhecemos a sinceridade dos jovens, que não costumam adocicar a realidade. Quando lhe foi dito que o Senhor estava com ele, respondeu: "Se o Senhor está conosco, por que nos sobreveio tudo isso?" (Jz 6,13). Mas Deus não se incomodou com essa reprovação e redobrou a aposta por ele: "Com a força que tens, vai e liberta Israel" (Jz 6,14).

8. Samuel era um adolescente inseguro, mas o Senhor se comunicava com ele. Graças ao conselho de um adulto, ele abriu o coração para ouvir o chamado de Deus: "Fala, Senhor, teu servo escuta!" (1Sm 3,9-10). Por isso, foi um grande profeta que interveio em momentos importantes de sua pátria. O rei Saul também era um jovem quando o Senhor o chamou para cumprir sua missão (1Sm 9,2).

9. O rei Davi foi escolhido sendo ainda um jovem. Quando o profeta Samuel estava buscando o futuro rei de Israel, um homem lhe apresentou os seus filhos mais velhos e mais experientes como candidatos. Mas o profeta disse que o eleito era o jovem Davi, que cuidava das ovelhas (1Sm 16,6-13), porque "o homem vê a aparência, o Senhor vê o coração". A glória da juventude está no coração mais do que na força física ou na impressão que alguém causa nos outros.

10. Salomão, quando teve que suceder seu pai, se sentiu perdido e disse a Deus: "Mas sou apenas um menino e não sei como proceder" (1Rs 3,7b). No entanto, a audácia da juventude o levou a pedir a Deus a sabedoria e a assumir sua missão. Algo semelhante aconteceu com o profeta Jeremias, chamado quando muito jovem para despertar seu povo. Em seu temor, disse: "Ah! Senhor Deus, eu não sei falar, sou apenas um jovem" (Jr 1,6). Mas o Senhor pediu-lhe que não dissesse isso (Jr 1,7), e acrescentou: "Não tenhas medo deles, pois estou contigo para te livrar" (Jr 1,8). A entrega do profeta Jeremias à sua missão mostra o que é possível quando se unem o frescor da juventude e a força de Deus.

11. Uma moça judia que estava a serviço do militar estrangeiro Naamã interveio com fé para ajudá-lo a curar-se de sua doença (2Rs 5,2-6). A jovem Rute foi um exemplo de generosidade ao ficar com sua sogra que caiu em desgraça (Rt 1,1-18), e também mostrou sua audácia para seguir adiante na vida (Rt 4,1-17).

No Novo Testamento

12. Conta uma parábola de Jesus (Lc 15,11-32) que o filho "mais jovem" queria sair da casa paterna para um país distante (vv. 12-13). Porém, seus sonhos de autonomia se converteram em libertinagem e devassidão (v. 13) e experimentou a dureza da solidão e da pobreza (vv. 14-16). Mesmo assim, foi capaz de começar de novo (vv. 17-19) e decidiu se levantar (v. 20). É próprio do coração jovem se dispor a mudar, ser capaz de se levantar e se deixar ensinar pela vida. Como não acompanhar o filho nessa nova tentativa? Mas o irmão mais velho já tinha o coração envelhecido e se deixou possuir pela ganância, o egoísmo e a inveja (vv. 28-30). Jesus elogia o jovem pecador que retoma o bom caminho mais do que aquele que se acha fiel, mas não vive o espírito de amor e misericórdia.

13. Jesus, o eternamente jovem, quer nos dar um coração sempre jovem. A Palavra de Deus nos pede: "Jogai fora o velho fermento, para que sejais uma massa nova" (1Cor 5,7). Ao mesmo tempo, convida a nos despojar do "velho homem" para nos vestir do "homem novo" (Cl 3,9.10). E quando explica o que é revestir-se dessa juventude, "que se renova" (v. 10), diz que é ter "sentimentos de compaixão, bondade, humildade, mansidão, paciência; suportando-vos uns aos outros e, se um tiver motivo de queixa contra o outro, perdoando-vos mutuamente" (Cl 3,12-13).[1] Isso significa que a verdadeira juventude é ter um coração capaz de amar. Por outro lado, o que envelhece a alma é tudo o que nos separa dos outros. É por isso que conclui: "Sobretudo, revesti-vos do amor, que é o vínculo da perfeição" (Cl 3,14).

14. Observemos que Jesus não gostava de que os adultos olhassem com desprezo para os jovens ou os colocassem a seu serviço de maneira despótica. Pelo contrário, ele pedia: "O maior entre vós seja como o mais jovem" (Lc 22,26b). Para ele, a idade não estabelecia privilégios, e o fato de que alguém tivesse menor idade não significava que valesse menos ou que tivesse menos dignidade.

---

[1] A mesma palavra grega que se traduz como "novo" se usa para expressar "jovem".

15. A Palavra de Deus diz que os jovens devem ser tratados "como a irmãos" (1Tm 5,1) e recomenda: "Pais, não irriteis vossos filhos, para que eles não percam o ânimo" (Cl 3,21). Um jovem não pode sentir-se desanimado; é próprio dele sonhar coisas grandes, buscar horizontes amplos, ousar mais, querer conquistar o mundo, ser capaz de aceitar propostas desafiadoras e dar o melhor de si para construir algo melhor. Por isso, insisto com os jovens que não se deixem roubar a esperança, e a cada um repito: "Ninguém te menospreze por seres jovem" (1Tm 4,12a).

16. No entanto, ao mesmo tempo, aos jovens se recomenda: "Sede submissos aos anciãos" (1Pd 5,5). A Bíblia sempre convida a um profundo respeito aos idosos, porque abrigam um tesouro de experiência, experimentaram os êxitos e os fracassos, as alegrias e as grandes angústias da vida, as ilusões e os desencantamentos, e, no silêncio de seu coração, guardam tantas histórias que podem ajudar a não nos equivocar ou nos enganar por falsas miragens. A palavra de um velho sábio convida a respeitar certos limites e a saber se dominar no momento certo: "Exorta também os jovens a serem sensatos" (Tt 2,6). Não faz bem cair em um culto à juventude, ou em uma atitude juvenil que despreza os outros por seus anos, ou porque eles são de outra época. Jesus dizia que a pessoa sábia é capaz de tirar do baú tanto o novo como o velho (Mt 13,52). Um jovem sábio se abre ao futuro, mas sempre é capaz de resgatar algo da experiência dos outros.

17. No Evangelho de Marcos aparece uma pessoa que, quando Jesus lhe recorda os mandamentos, diz: "Mestre, tudo isso eu tenho observado desde a minha juventude" (Mc 10,20). O Salmo já o dizia: "Pois tu és minha esperança, ó Senhor; minha confiança, ó Senhor, desde a minha juventude. [...] Tu me instruíste, ó Deus, desde a minha juventude; e até agora anuncio tuas maravilhas" (71,5.17). Não há por que se arrepender por gastar a juventude sendo bons, abrindo o coração ao Senhor, vivendo de outra maneira. Nada disso tira a juventude, mas a fortalece e renova: "Tua juventude se renova como a da águia" (Sl 103,5). Por isso, Santo Agostinho se lamentava: "Tarde te amei, beleza tão antiga e tão nova! Tarde te amei!".[2] Mas aquele homem rico, que tinha sido fiel a Deus em sua juventude, deixou que os anos levassem embora seus sonhos, e preferiu seguir apegado a seus bens (Mc 10,22).

18. Por outro lado, no Evangelho de Mateus aparece um jovem (Mt 19,20.22) que se aproxima de Jesus para pedir algo a mais (v. 20), com aquele espírito aberto dos jovens, que busca novos horizontes e grandes desafios. Na realidade, seu espírito não era tão jovem, porque já estava agarrado às riquezas e ao

---

[2] SANTO AGOSTINHO. *Confissões*, X, 27: PL 32, 795.

conforto. Ele dizia da boca para fora que queria algo a mais, mas, quando Jesus lhe pediu que fosse generoso e repartisse seus bens, se deu conta de que era incapaz de se desprender do que possuía. Finalmente, "Quando ouviu essa palavra, o jovem foi embora, cheio de tristeza, pois possuía muitos bens" (v. 22). Havia renunciado à sua juventude.

19. O Evangelho também nos fala de cinco jovens prudentes, que estavam preparadas e atentas, enquanto outras cinco viviam distraídas e adormecidas (Mt 25,1-13). Porque a pessoa pode passar sua juventude distraída, voando pela superfície da vida, entorpecida, incapaz de cultivar relacionamentos profundos e entrar nas profundezas da vida. Desse modo, prepara um futuro pobre, sem substância. Ou a pessoa pode gastar sua juventude para cultivar coisas belas e grandes, e assim preparar um futuro cheio de vida e de riqueza interior.

20. Se perdeste o vigor interior, os sonhos, o entusiasmo, a esperança e a generosidade, Jesus apresenta-se diante de ti como se apresentou ante o filho morto da viúva, e, com todo o seu poder de Ressuscitado, o Senhor te exorta: "Jovem, eu te digo, levanta-te!" (Lc 7,14).

21. Sem dúvida, há muitos outros textos da Palavra de Deus que podem nos iluminar sobre esta etapa da vida. Recolheremos alguns deles nos próximos capítulos.

Capítulo II
JESUS CRISTO SEMPRE JOVEM

22. Jesus é "jovem entre os jovens para ser exemplo dos jovens e consagrá-los ao Senhor".[1] Por isso, o Sínodo disse que "a juventude é uma etapa original e estimulante da vida, que o próprio Jesus viveu, santificando-a".[2] O que nos fala o Evangelho a respeito da juventude de Jesus?

A juventude de Jesus

23. O Senhor "entregou o seu espírito" (Mt 27,50) em uma cruz, quando tinha pouco mais de trinta anos de idade (Lc 3,23). É importante estar ciente de que Jesus foi um jovem. Deu sua vida em uma etapa que hoje se define como a de um adulto jovem. Na plenitude de sua juventude, começou sua missão pública e assim "uma [grande] luz surgiu" (Mt 4,16b), sobretudo quando deu a sua vida até o fim. Este final não foi improvisado, pois

---

[1] SANTO IRINEU. *Contra as Heresias*. II, 22,4: PG 7, 784.
[2] Documento Final da XV Assembleia Geral Ordinária do Sínodo dos Bispos, 60. A partir daqui, este documento será citado com a sigla DF. XV ASSEMBLEIA GERAL ORDINÁRIA DO SÍNODO DOS BISPOS. *Os jovens, a fé e o discernimento vocacional*. São Paulo: Paulinas, 2019.

toda a sua juventude foi uma preciosa preparação, em cada um de seus momentos, porque "Tudo na vida de Jesus é sinal de seu Mistério" e "Toda a vida de Cristo é mistério de redenção".[3]

24. O Evangelho não fala da infância de Jesus, mas, sim, nos narra alguns acontecimentos de sua adolescência e juventude. Mateus situa esse período da juventude do Senhor entre os acontecimentos: a volta de sua família a Nazaré, depois do tempo de exílio, e seu Batismo no Jordão, onde começou sua missão pública. As últimas imagens de Jesus criança são as de um pequeno refugiado no Egito (Mt 2,14-15) e, posteriormente, as de um repatriado em Nazaré (Mt 2,19-23). As primeiras imagens de Jesus, jovem adulto, são as que o apresentam na multidão junto ao Rio Jordão, para se fazer batizar por seu primo João Batista, como um a mais do seu povo (Mt 3,13-17).

25. Esse Batismo não era como o nosso, que nos introduz na vida da graça, mas, sim, uma consagração antes de começar a grande missão de sua vida. O Evangelho diz que seu Batismo foi motivo da alegria e do consentimento do Pai: "Tu és o meu Filho amado" (Lc 3,22b). Em seguida, Jesus ficou cheio do Espírito Santo e foi conduzido pelo Espírito para o deserto.

---

[3] SANTA SÉ. *Catecismo da Igreja Católica*. Brasília: Edições CNBB, 2013, 515.517.

Assim, estava preparado para sair a pregar e realizar sinais, libertar e curar (Lc 4,1-14). Cada jovem, quando se sente chamado para cumprir uma missão nesta terra, está convidado a reconhecer no seu interior essas mesmas palavras que Deus Pai lhe diz: "Tu és o meu Filho amado".

26. Entre esses relatos, encontramos um que mostra Jesus em plena adolescência. É quando retornou com seus pais para Nazaré, depois que eles o perderam e o encontraram no Templo (Lc 2,41-51). Ali diz que "lhes era submisso" (Lc 2,51), porque não renegava a sua família. Mais adiante, Lucas acrescenta que Jesus "ia crescendo em sabedoria, idade e graça diante de Deus e dos homens" (Lc 2,52). Quer dizer, estava sendo preparado e, nesse período, ia aprofundando sua relação com o Pai e com os outros. São João Paulo II explicava que não só crescia fisicamente, mas "que se deu em Jesus um crescimento espiritual", porque "a plenitude de graça em Jesus era relativa à idade: havia sempre plenitude, mas uma plenitude crescente com o crescer da idade".[4]

27. Com esses dados evangélicos, podemos dizer que, em sua juventude, Jesus foi se "formando", foi se preparando para realizar o projeto do Pai. Sua adolescência e juventude o orientaram a essa missão suprema.

---

[4] JOÃO PAULO II. Catequese (27 de junho de 1990), 2-3: *Insegnamenti* 13,1 (1990), 1680-1681.

28. Na adolescência e na juventude, sua relação com o Pai era a de Filho amado, atraído pelo Pai, e crescia cuidando de suas coisas: "Não sabíeis que eu devo me ocupar das coisas de meu Pai?" (Lc 2,49b). No entanto, não se deve pensar que Jesus era um adolescente solitário ou um jovem que pensava só em si. Sua relação com as pessoas era a de um jovem que compartilhava toda a vida de uma família bem integrada na aldeia. Aprendeu o trabalho de seu pai e, depois, substituiu-o como carpinteiro. Por isso, no Evangelho, uma vez é chamado "o filho do carpinteiro" (Mt 13,55), e, outra vez, simplesmente "o carpinteiro" (Mc 6,3). Esse detalhe mostra que era um rapaz como os outros na aldeia e que se relacionava normalmente. Ninguém o olhava como um jovem estranho ou separado dos outros. Precisamente por essa razão, quando Jesus saiu para pregar, as pessoas não entendiam de onde vinha essa sabedoria: "Não é este o filho de José?" (Lc 4,22).

29. O fato é que "Jesus também não cresceu em uma relação fechada e exclusiva com Maria e José, mas de bom grado movia-se na grande família, na qual encontrava os parentes e os amigos".[5] Assim, entendemos por que seus pais, quando retornavam da peregrinação a Jerusalém, estavam calmos, pensando que o menino

---

[5] FRANCISCO. Exortação Apostólica *Amoris Laetitia*: sobre o amor na família. São Paulo: Paulinas, 2016, 182.

de doze anos caminhava livremente entre as pessoas, a ponto de não o verem durante um dia inteiro (Lc 2,42). Certamente, pensavam que Jesus estava ali, indo e vindo entre os demais, brincando com os de sua idade, ouvindo as histórias dos adultos e compartilhando as alegrias e tristezas da caravana. O termo grego usado por Lucas para a caravana de peregrinos, *synodia*, indica precisamente essa "comunidade a caminho" da qual a Sagrada Família faz parte. Graças à confiança de seus pais, Jesus se move livremente e aprende a caminhar com todos os outros.

Sua juventude nos ilumina

30. Esses aspectos da vida de Jesus podem se tornar inspiradores para todo jovem que cresce e se prepara para realizar sua missão. Isso implica amadurecer no relacionamento com o Pai, na consciência de ser um dos membros a mais na família e na comunidade, e na abertura para ser plenificado pelo Espírito e conduzido para realizar a missão que Deus solicita, a própria vocação. Nada disso deveria ser ignorado na pastoral juvenil, para não criar projetos que afastem os jovens da família e do mundo, ou os convertam em uma minoria seleta e preservada de todo contágio. Portanto, necessitamos de projetos que os fortaleçam, os acompanhem e os impulsionem ao encontro dos outros, ao serviço generoso, à missão.

31. Jesus não ilumina, de longe ou de fora, vós, jovens, mas a partir de sua própria juventude, que compartilha com vocês. É muito importante contemplar o Jesus jovem que os Evangelhos nos mostram, porque ele foi verdadeiramente um de vocês, e nele se podem reconhecer muitos traços dos corações jovens. Nós vemos isso, por exemplo, nas seguintes características: "Jesus tinha uma confiança incondicional no Pai, cultivou a amizade com seus discípulos, e inclusive nos momentos críticos permaneceu fiel a eles. Manifestou uma profunda compaixão pelos mais frágeis, especialmente os pobres, os doentes, os pecadores e os excluídos. Teve coragem de enfrentar as autoridades religiosas e políticas do seu tempo; viveu a experiência de se sentir incompreendido e descartado; sentiu medo do sofrimento e conheceu a fragilidade da paixão; dirigiu seu olhar ao futuro, abandonando-se nas mãos seguras do Pai e à força do Espírito. Em Jesus, todos os jovens podem reconhecer-se".[6]

32. Por outro lado, Jesus ressuscitou e quer nos tornar participantes da novidade de sua ressurreição. Ele é a verdadeira juventude de um mundo envelhecido, e também é a juventude de um universo que espera com "dores de parto" (Rm 8,22) ser revestido com sua luz e sua vida. Junto dele, podemos beber do verdadeiro manancial, que mantém vivos os nossos sonhos, nossos

---

[6] DF, 63.

projetos, nossos grandes ideais, e isso nos lança ao anúncio da vida que vale a pena. Em dois detalhes curiosos do Evangelho de Marcos pode-se notar o chamado para a verdadeira juventude dos ressuscitados. Por um lado, na paixão do Senhor aparece um jovem medroso que tentava seguir Jesus, mas fugiu nu (Mc 14,51-52), um jovem que não teve a força de arriscar tudo para seguir o Senhor. Por outro lado, junto ao sepulcro vazio, vemos um jovem "vestido com uma túnica branca" (Mc 16,5) que convidava a perder o medo e anunciava a alegria da ressurreição (Mc 16,6-7).

33. O Senhor nos chama a acender estrelas na noite de outros jovens, nos convida a olhar os verdadeiros astros, esses sinais tão variados que ele nos dá para que não fiquemos parados, mas imitemos o semeador que olhava as estrelas para poder arar o campo. Deus nos acende estrelas para que sigamos caminhando: "As estrelas brilham alegres cada qual em seu lugar. Deus chama, e elas respondem: 'Aqui estamos!'" (Br 3,34-35). Mas o próprio Cristo é para nós a grande luz de esperança e orientação em nossa noite, porque ele é "a brilhante estrela da manhã" (Ap 22,16b).

A juventude da Igreja

34. Ser jovem, mais do que uma idade, é um estado do coração. Assim, uma instituição tão antiga como a Igreja pode se renovar e voltar a ser jovem em diversas etapas de sua longa história. Na realidade, em seus momentos mais trágicos sente o chamado para voltar ao essencial do primeiro amor. Recordando essa verdade, o Concílio Vaticano II expressava que, "Rica de um longo passado sempre vivo, e caminhando para a perfeição humana no tempo e para os destinos últimos da história e da vida, ela é a verdadeira juventude do mundo". Nela, é possível encontrar sempre a Cristo, "o companheiro e o amigo dos jovens".[7]

Uma Igreja que se deixa renovar

35. Peçamos ao Senhor que livre a Igreja dos que querem envelhecê-la, mantê-la no passado, detê-la, torná-la imóvel. Também peçamos para livrá-la de outra tentação: acreditar que é jovem porque ela cede a tudo que o mundo lhe oferece, acreditar que se renova porque esconde sua mensagem e imita os outros. Não. É jovem quando é ela mesma, quando recebe a força sempre nova da Palavra de Deus, da Eucaristia, da presença de Cristo e da força de seu Espírito cada dia. É jovem quando é capaz de retornar continuamente à sua fonte.

36. É verdade que nós, membros da Igreja, não devemos ser "esquisitos". Todos têm que se sentir irmãos

---

[7] CONCÍLIO VATICANO II. Mensagem à humanidade: aos jovens (8 de dezembro de 1965): AAS 58(1966), 18.

e próximos, como os apóstolos, que "eram estimados por todo o povo" (At 2,47; cf. 4,21,33; 5,13). Mas, ao mesmo tempo, temos que nos atrever a ser diferentes, para mostrar outros sonhos que este mundo não oferece, para testemunhar a beleza da generosidade, do serviço, da pureza, da fortaleza, do perdão, da fidelidade à própria vocação, da oração, da luta pela justiça e do bem comum, do amor aos pobres, da amizade social.

37. A Igreja de Cristo sempre pode cair na tentação de perder o entusiasmo porque já não escuta o chamado do Senhor para o risco da fé, a dar tudo sem medir os perigos, e volta a buscar falsas seguranças mundanas. São precisamente os jovens que podem ajudá-la a se manter jovem, a não cair na corrupção, a não se acomodar, a não se orgulhar, a não se tornar uma seita, a ser mais pobre e testemunhal, a estar próxima dos últimos e descartados, a lutar por justiça, a se deixar interpelar com humildade. Eles podem oferecer à Igreja a beleza da juventude quando estimulam a capacidade de "alegrar-se com o que está começando, de dar-se sem recompensa, de renovar-se e partir de novo para novas conquistas".[8]

38. Aqueles de nós que já não são mais jovens, precisam de ocasiões para ter perto a voz e o estímulo deles, e "a proximidade cria as condições para que a

---

[8] Idem.

Igreja seja um espaço de diálogo e testemunho de fraternidade que fascine".[9] É preciso criar mais espaços nos quais ressoe a voz dos jovens: "A escuta possibilita um intercâmbio de dons, em um contexto de empatia [...]. Ao mesmo tempo, estabelece as condições para um anúncio do Evangelho que verdadeiramente atinja o coração, de modo incisivo e fecundo".[10]

Uma Igreja atenta aos sinais dos tempos

39. "Para muitos jovens, Deus, a religião e a Igreja são palavras vazias, por outro lado, são sensíveis à figura de Jesus, quando é apresentada de forma atraente e eficaz."[11] Por isso, é necessário que a Igreja não esteja centrada demais em si mesma, mas, acima de tudo, que seja reflexo de Jesus Cristo. Isso implica reconhecer com humildade que algumas coisas concretas devem mudar, e, para isso, precisa também acolher a visão e também as críticas dos jovens.

40. No Sínodo, reconheceu-se "que um grande número de jovens, por razões bem distintas, não pede nada à Igreja porque não a consideram significativa para sua existência. Alguns, inclusive, pedem para serem deixados em paz, já que sentem sua presença

---

[9] DF, 1.
[10] Ibidem, 8.
[11] Ibidem, 50.

como incômoda e até mesmo irritante. Esse pedido, com frequência, não nasce de um desprezo acrítico e impulsivo, mas fundamenta suas raízes em motivos sérios e compreensíveis: os escândalos sexuais e econômicos; a falta de preparação dos ministros ordenados que não sabem captar adequadamente a sensibilidade dos jovens; o pouco cuidado na preparação da homilia e na explicação da Palavra de Deus; o papel passivo atribuído aos jovens dentro do comunidade cristã; a dificuldade de a Igreja dar razão para suas posições doutrinais e éticas à sociedade contemporânea".[12]

41. Embora haja jovens que gostam quando veem uma Igreja que se apresenta humildemente segura de seus dons e é também capaz de exercer uma crítica leal e fraterna, outros jovens pedem uma Igreja que escute mais, que não fique só condenando o mundo. Não querem ver uma Igreja calada e tímida, tampouco que esteja sempre em guerra obcecada por duas ou três temáticas. Para ser credível diante dos jovens, às vezes precisa recuperar a humildade e simplesmente ouvir, reconhecer no que os outros dizem alguma luz que a ajude a descobrir melhor o Evangelho. Uma Igreja na defensiva, que perde a humildade, que deixa de escutar, que não permite que a questionem, perde a juventude e se transforma em um museu. Como poderá acolher os

---

[12] Ibidem, 53.

sonhos dos jovens dessa maneira? Mesmo que tenha a verdade do Evangelho, isso não significa que a compreendeu plenamente, pois tem que crescer sempre na compreensão desse tesouro inesgotável.[13]

42. Por exemplo, uma Igreja que é excessivamente temerosa e estruturada pode ser permanentemente crítica diante de todos os discursos sobre a defesa dos direitos das mulheres, e apontar constantemente os riscos e possíveis erros dessas reivindicações. Por outro lado, uma Igreja viva pode reagir prestando atenção às reivindicações legítimas das mulheres que pedem mais justiça e igualdade. Pode recordar a história e reconhecer uma longa trama de autoritarismo por parte dos homens, de sujeição, de diversas formas de escravidão, de abuso e de violência machista. Com esse olhar, ela será capaz de endossar essas reivindicações de direitos e dar a sua contribuição com convicção para maior reciprocidade entre homens e mulheres, mesmo que não concorde com tudo o que alguns grupos feministas propõem. Nessa linha, o Sínodo quis renovar o compromisso da Igreja "contra todos as formas de discriminação e violência sexual".[14] Essa é a reação de uma Igreja que se mantém

---

[13] CONCÍLIO VATICANO II. Constituição Dogmática *Dei Verbum*: sobre a Divina Revelação. São Paulo: Paulinas, 1966, 8.

[14] DF, 150.

jovem e que se deixa questionar e impulsionar pela sensibilidade dos jovens.

Maria, a menina de Nazaré

43. No coração da Igreja resplandece Maria. Ela é o grande modelo para uma Igreja jovem, que quer seguir a Cristo com frescor e docilidade. Quando era muito jovem, recebeu o anúncio do anjo e não deixou de fazer perguntas (Lc 1,34). Mas ela tinha uma alma disponível e disse: "Eis aqui a serva do Senhor" (Lc 1,38).

44. "Sempre chama a atenção a força do 'sim' da jovem Maria. A força desse 'faça-se' que ela disse ao anjo. Foi uma coisa diferente de uma aceitação passiva ou resignada. Foi algo diferente de um 'sim' como dizendo: 'Bem, tentemos e vejamos o que acontece'. Maria não conhecia essa expressão: vejamos o que acontece. Era determinada, sabia de que se tratava e disse 'sim', sem rodeios. Foi algo mais, algo diferente. Foi o 'sim' de quem quer comprometer-se e de quem quer arriscar, de quem quer apostar tudo, sem mais segurança que a certeza de saber que era portadora de uma promessa. E eu pergunto a cada um de vós: Sentem-se portadores de uma promessa? Que promessa tenho no coração para levar adiante? Maria teria, sem dúvida, uma missão difícil, mas as dificuldades não eram uma razão para dizer 'não'. Certamente teria complicações, mas não seriam as mesmas complicações que ocorrem quando a covardia nos paralisa por não ter tudo claro ou seguro com antecedência. Maria não comprou um seguro de vida! Maria jogou-se, e é por isso que é forte, por isso é uma *influencer*, é a *influencer* de Deus! O 'sim' e o desejo de servir foram mais fortes que as dúvidas e dificuldades".[15]

45. Sem ceder a evasões ou miragens, "ela soube acompanhar a dor do seu Filho [...] sustentá-lo no olhar, abrigá-lo com o coração. Dor que sofreu, mas não a derrubou. Foi a mulher forte do 'sim', que sustenta e acompanha, abriga e abraça. Ela é a grande custódia da esperança [...]. Dela aprendemos a dizer 'sim' com teimosia, paciência e criatividade daqueles que não se encolhem e recomeçam".[16]

46. Maria era a menina de alma grande que estremecia de alegria (Lc 1,47), era a adolescente com os olhos iluminados pelo Espírito Santo que contemplava a vida com fé e guardava tudo em seu coração de menina (Lc 2,19.51). Era inquieta, a que se punha continuamente a caminho, a que, quando soube que sua prima precisava

---

[15] FRANCISCO. Discurso na Vigília com os jovens na XXXIV Jornada Mundial da Juventude no Panamá (26 de janeiro de 2019): *L'Osservatore Romano*, ed. semanal em espanhol (1º de fevereiro de 2019), p. 12.

[16] FRANCISCO. Oração final da Via-Sacra na XXXIV Jornada Mundial da Juventude no Panamá (25 de janeiro de 2019): *L'Osservatore Romano*, ed. semanal em espanhol (1º de fevereiro de 2019), p. 8.

dela, não pensou em seus próprios projetos, mas foi à região montanhosa "apressadamente" (Lc 1,39).

47. E se fosse necessário proteger o seu filho, lá ia com José para um país distante (Mt 2,13-14). Por isso, permaneceu junto aos discípulos reunidos em oração esperando pelo Espírito Santo (At 1,14). Assim, com sua presença, nasceu uma Igreja jovem, com seus apóstolos em saída para fazer nascer um mundo novo (At 2,4-11).

48. Aquela menina hoje é a mãe que vela por seus filhos, estes filhos que caminham pela vida, muitas vezes cansados, carentes, mas querendo que a luz da esperança não se apague. Isso é o que queremos: que a luz da esperança não se apague. Nossa mãe olha para este povo peregrino, povo de jovens querido por ela, que a busca fazendo silêncio no coração, embora no caminho haja muito ruído, muitas conversas e distrações. Mas, diante dos olhos da mãe, só cabe o silêncio esperançoso. E assim Maria ilumina novamente nossa juventude.

Jovens santos

49. O coração da Igreja também está cheio de jovens santos, que deram sua vida por Cristo, muitos deles até o martírio. Eles foram preciosos reflexos do Cristo jovem, que brilham para nos estimular e nos tirar da sonolência. O Sínodo salientou que "muitos jovens santos fizeram brilhar os traços da idade juvenil em toda sua beleza e no seu tempo foram verdadeiros profetas de mudança; seu exemplo mostra do que os jovens são capazes quando se abrem ao encontro com Cristo".[17]

50. "Através da santidade dos jovens, a Igreja pode renovar seu ardor espiritual e seu vigor apostólico. O bálsamo de santidade gerado pela vida boa de tantos jovens pode curar as feridas da Igreja e do mundo, devolvendo-nos aquela plenitude do amor para o qual sempre fomos chamados: os jovens santos nos animam a voltar a nosso amor primeiro" (Ap 2,4).[18] Há santos que não conheceram a vida adulta, e nos deixaram o testemunho de outra forma de viver a juventude. Recordamos ao menos alguns deles, de tempos diferentes da história, que viveram a santidade cada um a sua maneira.

51. No século III, São Sebastião era um jovem capitão da guarda pretoriana. Dizem que ele falava de Cristo em todos os lugares e tratava de converter os seus companheiros, até que lhe ordenaram renunciar a sua fé. Como não aceitou, lançaram uma chuva de flechas sobre ele, mas ele sobreviveu e seguiu anunciando Cristo sem medo. Finalmente, o açoitaram até a morte.

---

[17] DF, 65.
[18] Ibidem, 167.

52. São Francisco de Assis, sendo muito jovem e cheio de sonhos, escutou o chamado de Jesus para ser pobre como ele e restaurar a Igreja com seu testemunho. Renunciou a tudo com alegria e é o santo da fraternidade universal, irmão de todos, que louvava o Senhor por suas criaturas. Morreu em 1226.

53. Santa Joana d'Arc nasceu em 1412. Era uma jovem camponesa que, apesar da pouca idade, lutou para defender a França dos invasores. Incompreendida por sua forma de viver a fé, morreu na fogueira.

54. O Bem-aventurado André Phû Yên era um jovem vietnamita do século XVII. Era catequista e ajudava os missionários. Foi preso por causa de sua fé e, porque não quis renunciar a ela, foi morto. Morreu dizendo: "Jesus".

55. Nesse mesmo século, Santa Catarina Tekakwitha, uma jovem leiga nativa da América do Norte, sofreu perseguição por causa de sua fé e fugiu caminhando mais de 300 quilômetros através de florestas fechadas. Se consagrou a Deus e morreu dizendo: "Jesus, te amo!".

56. São Domingos Savio oferecia a Maria todos seus sofrimentos. Quando São João Bosco lhe ensinou que a santidade consiste em estar sempre alegres, abriu seu coração a uma alegria contagiante. Procurava estar próximo de seus companheiros mais marginalizados e doentes. Morreu em 1857 com catorze anos, dizendo: "Que maravilha o que estou vendo!".

57. Santa Teresa do Menino Jesus nasceu em 1873. Aos quinze anos, passando por muitas dificuldades, conseguiu ingressar em um convento carmelita. Viveu o pequeno caminho de total confiança no amor do Senhor e se propôs a alimentar com a sua oração o fogo de amor que move a Igreja.

58. O Bem-aventurado Zeferino Namuncurá era um jovem argentino, filho de um proeminente cacique dos povos originários. Chegou a ser seminarista salesiano, cheio de vontade de retornar à sua tribo para levar Jesus Cristo. Morreu em 1905.

59. O Bem-aventurado Isidoro Bakanja era um leigo do Congo que dava testemunho de sua fé. Foi torturado por um longo tempo por ter proposto o Cristianismo a outros jovens. Morreu perdoando seu executor em 1909.

60. O Bem-aventurado Pier Giorgio Frassati, que morreu em 1925, "era um jovem de alegria contagiante, uma alegria que também superava tantas dificuldades de sua vida".[19] Dizia que tentava retribuir o amor de Jesus que ele recebia na comunhão, visitando e ajudando os pobres.

---

[19] JOÃO PAULO II. Discurso aos jovens de Turim (13 de abril de 1980), 4: *Insegnamenti* 3.1 (1980), 905.

61. O Bem-aventurado Marcel Callo era um jovem francês que morreu em 1945. Na Áustria, foi trancado em um campo de concentração onde confortava na fé os seus companheiros de cativeiro, em meio a duros trabalhos.

62. A jovem Beata Chiara Badano, que morreu em 1990, "experimentou como a dor pode ser transfigurada pelo amor [...]. A chave de sua paz e alegria era a plena confiança no Senhor e a aceitação da enfermidade como misteriosa expressão de sua vontade para o seu próprio bem e o dos outros".[20]

63. Que eles e também muitos jovens que talvez desde o silêncio e anonimato viveram a fundo o Evangelho, intercedam pela Igreja para que esteja cheia de jovens alegres, corajosos e dedicados que ofereçam ao mundo novos testemunhos de santidade.

---

[20] BENTO XVI. Mensagem para o XXVII Dia Mundial de Juventude (15 de março de 2012): AAS 104 (2012), 359.

Capítulo III

VÓS SOIS O AGORA DE DEUS

64. Depois de percorrer a Palavra de Deus, não podemos dizer apenas que os jovens são o futuro do mundo. São o presente, o estão enriquecendo com sua contribuição. Um jovem já não é mais uma criança, está em um momento da vida em que começa a assumir diversas responsabilidades, participando com os adultos no desenvolvimento da família, da sociedade, da Igreja. Mas os tempos mudam e ressoa a pergunta: como são os jovens de hoje, o que eles sentem agora?

Aspectos positivos

65. O Sínodo reconheceu que os fiéis da Igreja nem sempre têm a atitude de Jesus. Em vez de nos dispormos a escutá-los profundamente, "predomina a tendência a dar respostas preconcebidas e receitas preparadas, sem deixar que as perguntas dos jovens sejam consideradas em sua novidade e sem aceitar sua provocação".[1] Em vez disso, quando a Igreja abandona

---

[1] DF, 8.

os esquemas rígidos, abre-se à escuta disponível e atenta dos jovens. Essa empatia enriquece, porque "permite aos jovens dar sua contribuição à comunidade, ajudando-a a abrir-se a novas sensibilidades e a fazer-se perguntas inéditas".[2]

66. Hoje, os adultos correm o risco de fazer uma lista de calamidades, de defeitos da juventude atual. Alguns podem nos aplaudir porque parecemos especialistas em encontrar pontos negativos e perigos. Mas qual seria o resultado dessa atitude? Mais e mais distância, menos proximidade, menos ajuda mútua.

67. O olhar atento de quem foi chamado para ser pai, pastor ou guia dos jovens consiste em encontrar a pequena chama que continua ardendo, a cana que parece quebrar (Is 42,3), mas que, no entanto, ainda não quebra. É a capacidade de encontrar caminhos onde outros só veem muros, é a habilidade de reconhecer possibilidades onde outros veem apenas perigos. Assim é o olhar de Deus Pai, capaz de valorizar e nutrir as sementes de bem semeadas nos corações dos jovens. O coração de cada jovem deve, portanto, ser considerado "terra sagrada", portador de sementes de vida divina, diante de quem devemos "tirar as sandálias" para poder nos aproximar e nos aprofundar no Mistério.

---

[2] Idem.

Muitas juventudes

68. Poderíamos tentar descrever as características dos jovens de hoje, mas, antes de tudo, quero registrar uma advertência dos Padres Sinodais: "A composição do Sínodo tornou visível a presença e contribuição das diversas regiões do mundo, e destacou a beleza de ser Igreja universal. Ainda em um contexto de globalização crescente, os Padres Sinodais solicitaram que se destacassem as muitas diferenças entre contextos e culturas, inclusive dentro de um mesmo país. Existe uma pluralidade de mundos juvenis, tanto assim que em alguns países há uma tendência a usar o termo 'juventudes' no plural. Além disso, a faixa etária considerada por este Sínodo (16-29 anos) representa um conjunto homogêneo, mas é composto de grupos que vivem situações peculiares".[3]

69. Já do ponto de vista demográfico, em alguns países, há muitos jovens, enquanto outros têm uma taxa de natalidade muito baixa. Mas "outra diferença deriva da história, que distingue países e continentes de antiga tradição cristã, cuja cultura é portadora de uma memória que não se deve perder, de países e continentes marcados por outras tradições religiosas e

---

[3] Ibidem, 10.

nos quais o Cristianismo é uma presença minoritária e, por vezes, recente. Em outros territórios, além disso, as comunidades cristãs e os jovens que fazem parte delas são objeto de perseguição".[4] Também é preciso distinguir os jovens "a quem a globalização oferece um maior número de oportunidades daqueles que vivem à margem da sociedade ou no mundo rural e sofrem os efeitos de formas de exclusão e descarte".[5]

70. Há muitas outras diferenças, que seria complexo detalhar aqui. Portanto, não acho conveniente deter-me a oferecer uma análise exaustiva sobre os jovens no mundo atual, sobre como vivem e o que acontece com eles. Mas como também não posso deixar de olhar a realidade, vou recorrer brevemente a algumas contribuições que chegaram antes do Sínodo e outras que pude captar durante o mesmo.

Algumas coisas que acontecem aos jovens

71. A juventude não é algo que se pode analisar de forma abstrata. Na realidade, "a juventude" não existe, existem jovens com suas vidas concretas. No mundo de hoje, cheio de progressos, muitas dessas vidas estão expostas ao sofrimento e à manipulação.

---

[4] Ibidem, 11.
[5] Ibidem, 12.

Jovens de um mundo em crise

72. Os Padres Sinodais evidenciaram com dor que "muitos jovens vivem em contextos de guerra e sofrem a violência em uma inumerável variedade de formas: sequestros, extorsão, crime organizado, tráfico de seres humanos, escravidão e exploração sexual, estupros de guerra etc. A outros jovens, por causa de sua fé, custa encontrar um lugar em suas sociedades e são vítimas de vários tipos de perseguições, inclusive a morte. São muitos os jovens que, devido à pressão ou falta de alternativas, vivem perpetrando delitos e violências: crianças-soldados, milícias armadas e criminais, tráfico de drogas, terrorismo etc. Essa violência interrompe muitas vidas jovens. Abusos e vícios, bem como violência e comportamentos negativos, são algumas das razões que levam os jovens à prisão, com especial incidência em alguns grupos étnicos e sociais".[6]

73. Muitos jovens são ideologizados, usados e aproveitados como bucha de canhão ou como força de choque para destruir, intimidar ou ridicularizar outros. E o pior é que muitos são transformados em seres individualistas, inimigos e desconfiados de todos, que assim se tornam presa fácil de ofertas desumanizantes e de planos destrutivos que grupos políticos ou poderes econômicos elaboram.

---

[6] Ibidem, 41.

74. Todavia, são "mais numerosos no mundo os jovens que sofrem formas de marginalização e exclusão social por motivos religiosos, étnicos ou econômicos. Lembramos a difícil situação de adolescentes e jovens que engravidam e a praga do aborto, assim como a propagação do HIV, as várias formas de dependência (drogas, jogos de azar, pornografia etc.) e a situação das crianças e dos jovens de rua, que não têm casa, nem família, nem recursos econômicos".[7] Quando, além disso, são mulheres, essas situações de marginalização tornam-se duplamente dolorosas e difíceis.

75. Não sejamos uma Igreja que não chora diante desses dramas de seus filhos jovens. Nós queremos chorar para que a sociedade também seja mais maternal, a fim de que, em vez de matar, aprenda a dar à luz, para que seja promessa de vida. Choramos quando recordamos os jovens que já morreram pela miséria e pela violência, e pedimos que a sociedade aprenda a ser mãe solidária. Essa dor não desaparece, caminha conosco, porque a realidade não pode ser escondida. O pior que podemos fazer é aplicar a receita do espírito mundano que consiste em anestesiar os jovens com outras notícias, com outras distrações, com banalidades.

---

[7] Ibidem, 42.

76. Talvez, "aqueles de nós que levam uma vida mais ou menos sem necessidades, não saibam chorar. Certas realidades da vida só se veem com olhos limpos pelas lágrimas. Convido-os para que cada um se pergunte: Eu aprendi a chorar? Eu aprendi a chorar quando vejo uma criança com fome, uma criança drogada na rua, uma criança que não tem casa, uma criança abandonada, uma criança abusada, uma criança usada pela sociedade como escrava? Ou meu pranto é um pranto interesseiro, daquele que chora porque gostaria de ter algo a mais?".[8] Tente aprender a chorar pelos jovens que estão em situação pior do que a sua. A misericórdia e a compaixão também se expressam chorando. Se não consegue, rogue ao Senhor que lhe conceda derramar lágrimas pelo sofrimento dos outros. Quando souber chorar, então será capaz de fazer algo de coração pelos demais.

77. Às vezes, a dor de alguns jovens é muito dilacerante; é uma dor que não se pode expressar com palavras; é uma dor que nos golpeia. Esses jovens só podem dizer a Deus que sofrem muito, que lhes custa demais seguir em frente, que já não creem em ninguém. Mas nesse grito de partir o coração estão presentes as palavras de Jesus: "Bem-aventurados os que choram, porque eles serão consolados" (Mt 5,4). Há jovens que

---

[8] FRANCISCO. Discurso aos jovens de Manila (18 de janeiro de 2015): *L'Osservatore Romano*, ed. semanal em espanhol (23 de janeiro de 2015), p. 12.

puderam fazer o seu caminho na vida porque lhes chegou essa promessa. Oxalá tenha sempre uma comunidade cristã próxima de um jovem que sofre, para que possa ressoar essas palavras com gestos, abraços e ajuda concreta!

78. É verdade que os poderosos prestam alguma ajuda, mas muitas vezes a um alto custo. Em muitos países pobres, a ajuda econômica oferecida por alguns países mais ricos ou organismos internacionais geralmente está ligada à aceitação de propostas ocidentais relativas à sexualidade, ao casamento, à vida ou à justiça social. Essa colonização ideológica prejudica especialmente os jovens. Ao mesmo tempo, vemos como essa publicidade ensina as pessoas a estar sempre insatisfeitas e contribui para a cultura do descarte, na qual os próprios jovens se convertem em material descartável.

79. A cultura atual apresenta um modelo de pessoa muito associado à imagem do jovem. Sente-se bonito quem aparenta juventude, quem realiza tratamentos para fazer desaparecer os vestígios do tempo. Os corpos jovens são constantemente usados na publicidade comercial. O modelo de beleza é um modelo juvenil, mas estejamos atentos, porque isso não é um elogio para os jovens. Só significa que os adultos querem roubar a juventude para eles, não que respeitem, amem e cuidem dos jovens.

80. Alguns jovens "sentem as tradições familiares como opressoras e fogem delas impulsionados por uma cultura globalizada que, às vezes, os deixa sem pontos de referência. Em outras partes do mundo, em vez disso, entre jovens e adultos não há um conflito geracional, senão uma estranheza mútua. Às vezes, os adultos não tentam transmitir os valores fundamentais da existência ou não conseguem, ou até assumem estilos juvenis, invertendo a relação entre gerações. Dessa forma, corre-se o risco de que a relação entre jovens e adultos permaneça no plano afetivo, sem tocar a dimensão educativa e cultural".[9] Quanto dano isso faz aos jovens, embora alguns não o percebam! Os próprios jovens nos fizeram perceber que isso dificulta enormemente a transmissão da fé "em alguns países onde não há liberdade de expressão, e onde eles são impedidos de participar da Igreja".[10]

Desejos, feridas e buscas

81. Os jovens reconhecem que o corpo e a sexualidade têm uma importância essencial para a sua vida e no caminho de crescimento de sua identidade. No entanto, em um mundo que enfatiza excessivamente a sexualidade, é difícil manter uma boa relação com o

---

[9] DF, 34.
[10] Documento da reunião pré-sinodal para a preparação do XV Assembleia Geral Ordinária do Sínodo dos Bispos (24 de março de 2018), I, 1.

próprio corpo e viver serenamente as relações afetivas. Por isso e por outras razões, a moral sexual é muitas vezes "causa de incompreensão e distanciamento da Igreja, já que se percebe como um espaço de julgamento e condenação". Ao mesmo tempo, os jovens expressam "um desejo explícito de confrontar-se sobre as questões relativas à diferença entre a identidade masculina e feminina, à reciprocidade entre homens e mulheres e à homossexualidade".[11]

82. Em nosso tempo, "os avanços das ciências e tecnologias biomédicas afetam a percepção do corpo, induzindo à ideia de que pode ser modificado sem limite. A capacidade para intervir no DNA, a possibilidade de inserir elementos artificiais no organismo (*cyborg*) e o desenvolvimento das neurociências constituem um grande recurso, mas ao mesmo tempo levantam questões antropológicas e éticas".[12] Podem levar-nos a esquecer que a vida é um dom e que somos seres criados e limitados, que facilmente podemos ser instrumentalizados por quem tem o poder tecnológico.[13] "Além disso, em alguns contextos juvenis se difunde certa atração por comportamentos de risco como instrumento para explorar a si mesmos, buscando emoções fortes e obter

---

[11] DF, 39.

[12] Ibidem, 37.

[13] FRANCISCO. Carta Encíclica *Laudato Si'*: sobre o cuidado da Casa Comum. São Paulo: Paulinas, 2015, 106.

um reconhecimento. [...] Estes fenômenos, aos quais estão expostas as novas gerações, constituem um obstáculo para um amadurecimento sereno."[14]

83. Nos jovens também estão os golpes, os fracassos, as tristes memórias gravadas na alma. Muitas vezes, "são as feridas das derrotas da própria história, dos desejos frustrados, das discriminações e injustiças sofridas, de não se sentirem amados ou reconhecidos". Além disso, "estão as feridas morais, o peso dos próprios erros, o sentimento de culpa por ter se equivocado".[15] Jesus se faz presente nestas cruzes dos jovens, para oferecer-lhes sua amizade, seu alívio, sua companhia que cura, e a Igreja quer ser seu instrumento neste caminho para a restauração interior e a paz do coração.

84. Em alguns jovens, reconhecemos um desejo de Deus, ainda que não tenha todos os contornos do Deus revelado. Em outros, podemos vislumbrar um sonho de fraternidade, que não é pouco. Em muitos, haverá um desejo real de desenvolver as capacidades que há neles para oferecer algo ao mundo. Em alguns, vemos uma sensibilidade artística especial ou uma busca pela harmonia com a natureza. Em outros, haverá certamente uma grande necessidade de comunicação. Em muitos deles, encontraremos um profundo desejo

---

[14] DF, 37.
[15] Ibidem, 67.

por uma vida diferente. Trata-se de verdadeiros pontos de partida, energias interiores que aguardam uma palavra de estímulo, de luz e de encorajamento.

85. O Sínodo tratou especialmente de três temas de suma importância, cujas conclusões quero acolher textualmente, embora ainda nos exijam avançar em uma análise maior e desenvolver uma capacidade de resposta mais adequada e eficaz.

O ambiente digital

86. "O ambiente digital caracteriza o mundo contemporâneo. Amplas faixas da humanidade estão imersas nele de maneira ordinária e contínua. Já não se trata apenas de 'usar' instrumentos de comunicação, mas de viver em uma cultura amplamente digitalizada, que afeta de modo muito profundo a noção de tempo e de espaço, a percepção de si mesmo, dos outros e do mundo, o modo de comunicar, de aprender, de informar-se, de entrar em relação com os outros. Uma maneira de aproximar-se à realidade que geralmente privilegia a imagem em relação à escuta e à leitura, afeta o modo de aprender e o desenvolvimento do sentido crítico".[16]

87. A *web* e as redes sociais criaram uma nova maneira de se comunicar e criar laços, e "são uma praça

---

[16] Ibidem, 21.

onde os jovens gastam muito tempo e são facilmente encontrados, embora o acesso não seja o mesmo para todos, particularmente em algumas regiões do mundo. De qualquer forma, constituem uma oportunidade extraordinária de diálogo, encontro e intercâmbio entre pessoas, bem como de acesso à informação e ao conhecimento. Por outro lado, o ambiente digital é um contexto de participação sociopolítica e cidadania ativa, e pode facilitar a circulação de informações independentes capazes de proteger com eficácia as pessoas mais vulneráveis, expondo as violações de seus direitos. Em numerosos países, *web* e redes sociais representam um lugar irrenunciável para alcançar os jovens e envolvê--los, inclusive, em iniciativas e atividades pastorais".[17]

88. Mas, para compreender esse fenômeno em sua totalidade, é preciso reconhecer que, como toda a realidade humana, está marcado por limites e lacunas. Não é salutar confundir a comunicação com o mero contato virtual. De fato, "o ambiente digital é também um território de solidão, manipulação, exploração e violência, até chegar ao caso extremo da *dark web*. Os meios de comunicação podem expor ao risco de dependência, isolamento e perda progressiva de contato com a realidade concreta, dificultando o desenvolvimento das relações interpessoais autênticas. Novas formas de

---

[17] Ibidem, 22.

violência são disseminadas através das mídias sociais, por exemplo, *cyberbullying*; a *web* também é um canal para a divulgação de pornografia e exploração de pessoas para fins sexuais ou mediante os jogos de azar".[18]

89. Não se deveria esquecer que "no mundo digital estão em jogo enormes interesses econômicos, capazes de realizar formas de controle tão sutis como invasivas, criando mecanismos de manipulação das consciências e do processo democrático. O funcionamento de muitas plataformas, frequentemente, acaba favorecendo o encontro entre as pessoas que pensam da mesma maneira, dificultando a confrontação entre as diferenças. Esses circuitos fechados facilitam a divulgação de informações e notícias falsas, fomentando preconceitos e ódio. A proliferação das *fake news* é expressão de uma cultura que perdeu o sentido da verdade e submete os fatos a interesses particulares. A reputação das pessoas está em perigo diante de julgamentos sumários em série. O fenômeno também afeta a Igreja e seus pastores".[19]

90. Um documento preparado por trezentos jovens de todo o mundo antes do Sínodo indica que os "relacionamentos *on-line* podem se tornar desumanos. Os espaços digitais nos cegam à vulnerabilidade do

---

[18] Ibidem, 23.
[19] Ibidem, 24.

outro e dificultam a reflexão pessoal. Problemas como a pornografia distorcem a percepção que o jovem tem da sexualidade humana. A tecnologia usada dessa maneira cria uma realidade paralela ilusória que ignora a dignidade humana".[20] A imersão no mundo virtual propiciou uma espécie de "migração digital", isto é, um distanciamento da família, dos valores culturais e religiosos, o que leva muitas pessoas a um mundo de solidão e autoinversão, até sentir uma falta de raízes, embora fisicamente fique no mesmo lugar. A vida nova e transbordante dos jovens, que empurra e busca autoafirmar a própria personalidade, hoje, enfrenta um novo desafio: interagir com um mundo real e virtual no qual entram sozinhos como em um continente global desconhecido. Os jovens de hoje são os primeiros a fazer essa síntese entre o pessoal, o próprio de cada cultura e o global. Mas isso requer que eles consigam passar do contato virtual para uma comunicação boa e saudável.

Os migrantes como paradigma do nosso tempo

91. Como não lembrar tantos jovens diretamente envolvidos nas migrações? Estas "representam

---

[20] Documento da reunião pré-sinodal para a preparação da XV Assembleia Geral Ordinária do Sínodo dos Bispos (24 de março de 2018), I, 4.

mundialmente um fenômeno estrutural, e não uma emergência transitória. As migrações podem ocorrer dentro do mesmo país ou entre países diferentes. A preocupação da Igreja se volta especialmente àqueles que fogem da guerra, da violência, da perseguição política ou religiosa, dos desastres naturais – devidos, entre outras coisas, às mudanças climáticas – e da pobreza extrema: muitos deles são jovens. Em geral, buscam oportunidades para eles e suas famílias. Sonham com um futuro melhor e desejam criar as condições para que se torne realidade."[21] Os migrantes "nos lembram da condição originária da fé, ou seja, a de ser 'estrangeiros e peregrinos na terra' (Hb 11,13)".[22]

92. Outros migrantes são "atraídos pela cultura ocidental, às vezes com expectativas pouco realistas que os expõem a grandes desilusões. Traficantes inescrupulosos, frequentemente vinculados aos cartéis de drogas e de armas, exploram a situação de fragilidade dos imigrantes, que, ao longo de sua jornada, demasiadas vezes experimentam a violência, o tráfico humano, o abuso psicológico e físico e sofrimentos indescritíveis. Cabe assinalar a especial vulnerabilidade dos imigrantes menores não acompanhados e

---

[21] DF, 25.
[22] Idem.

a situação dos que se veem forçados a passar muitos anos nos campos de refugiados ou que permanecem bloqueados por um longo tempo nos países de trânsito, sem poder continuar seus estudos ou desenvolver seus talentos. Em alguns países de chegada, os fenômenos migratórios suscitam alarme e medo, muitas vezes fomentados e explorados para fins políticos. Se difunde, assim, uma mentalidade xenofóbica, de gente fechada e voltada sobre si mesma, diante da qual é preciso reagir com decisão".[23]

93. "Os jovens que migram experimentam a separação de seu próprio contexto de origem e muitas vezes vivem um desenraizamento cultural e religioso. A ruptura também diz respeito às comunidades de origem, que perdem os elementos mais vigorosos e empreendedores, e às famílias, em particular quando um dos pais emigra ou ambos, deixando os filhos no país de origem. A Igreja tem um papel importante como referência para os jovens dessas famílias separadas. No entanto, as histórias dos migrantes também são histórias de encontro entre pessoas e entre culturas: para as comunidades e as sociedades aonde chegam são uma oportunidade de enriquecimento e desenvolvimento humano integral de todos. As iniciativas de acolhida que fazem referência à Igreja têm um papel importante

---

[23] Ibidem, 26.

deste ponto de vista e podem revitalizar as comunidades capazes de realizá-las".[24]

94. "Graças às diversas origens dos Padres [sinodais], o Sínodo viveu o encontro de muitas perspectivas sobre a questão dos migrantes, particularmente entre países de origem e países de chegada. Além disso, ressoou o grito de alarme daquelas igrejas cujos membros se veem forçados a fugir da guerra e da perseguição, vendo, nessas migrações forçadas, uma ameaça à própria existência. Precisamente o fato de incluir em seu seio todas essas perspectivas coloca a Igreja em condições de desempenhar em meio à sociedade um papel profético sobre o tema das migrações."[25] Peço, especialmente aos jovens, que não caiam nas redes daqueles que querem fazê-los enfrentar outros jovens que vêm para seus países, fazendo-os ver como seres perigosos e como se não tivessem a mesma dignidade inalienável de todo ser humano.

Pôr fim a todo tipo de abusos

95. Nos últimos tempos, foi-nos pedido fortemente que escutemos o grito das vítimas dos diferentes tipos de abusos praticados por alguns bispos, sacerdotes,

---

[24] Ibidem, 27.
[25] Ibidem, 28.

religiosos e leigos. Esses pecados provocam em suas vítimas "sofrimentos que podem chegar a durar toda a vida e para os quais nenhum arrependimento pode ser remédio. Este fenômeno está muito difundido na sociedade e também afeta a Igreja e representa um sério obstáculo à sua missão".[26]

96. É verdade que "a praga dos abusos sexuais a menores é, infelizmente, um fenômeno historicamente difundido em todas as culturas e sociedades", especialmente no seio das próprias famílias e em várias instituições, cuja extensão se evidenciou especialmente "graças a uma mudança na sensibilidade da opinião pública". Mas "a universalidade dessa praga, por sua vez, confirma sua gravidade em nossas sociedades, não diminui sua monstruosidade dentro da Igreja" e, "na ira justificada do povo, a Igreja vê o reflexo da ira de Deus, traído e golpeado".[27]

97. "O Sínodo renova seu firme compromisso na adoção de medidas rigorosas de prevenção que impeçam que se repitam, a partir da seleção e da formação daqueles a quem se confiarão tarefas de responsabilidade e educacionais."[28] Ao mesmo tempo, já não se

---

[26] Ibidem, 29.
[27] FRANCISCO. Discurso de encerramento da reunião sobre "A proteção de menores na Igreja" (24 de fevereiro de 2019): *L'Osservatore Romano*, ed. semanal em espanhol (1º de março de 2019), p. 9.
[28] DF 29.

deve abandonar a decisão de aplicar as "ações e sanções necessárias".[29] E tudo isso com a graça de Cristo. Não há como voltar atrás.

98. "Existem diferentes tipos de abuso: de poder, econômico, de consciência, sexual. É evidente a necessidade de erradicar as formas de exercício da autoridade nas quais se enxertam e neutralizar a falta de responsabilidade e transparência com as quais são geridos muitos dos casos. O desejo de dominação, a falta de diálogo e de transparência, as formas de vida dupla, o vazio espiritual, bem como as fragilidades psicológicas são os terrenos nos quais prospera a corrupção."[30] O clericalismo é uma tentação permanente dos sacerdotes, que interpretam "o ministério recebido como um poder que se pode exercer mais do que um *serviço* gratuito e generoso a oferecer; e isso nos leva a acreditar que pertencemos a um grupo que tem todas as respostas e que não precisa ouvir ou aprender mais nada".[31] Sem dúvida, um espírito clericalista expõe as pessoas consagradas a perder o respeito pelo valor sagrado e inalienável de cada pessoa e sua liberdade.

---

[29] FRANCISCO. Carta ao Povo de Deus (20 de agosto de 2018), 2: *L'Osservatore Romano*, ed. semanal em espanhol (24 de agosto de 2018), p. 6.

[30] DF, 30.

[31] FRANCISCO. Discurso à primeira Congregação Geral da XV Assembleia General Ordinária do Sínodo dos Bispos (3 de outubro de 2018): *L'Osservatore Romano*, ed. semanal em espanhol (5 de outubro de 2018), p. 10.

99. Junto aos Padres Sinodais, quero expressar com carinho e reconhecimento minha "gratidão aos que tiveram a coragem de denunciar o mal sofrido: ajudam a Igreja a tomar consciência do que aconteceu e da necessidade de reagir com decisão".[32] Mas também merece especial reconhecimento "o empenho sincero de inumeráveis leigos, sacerdotes, consagrados e bispos que todos os dias se entregam com honestidade e dedicação a serviço dos jovens. Seu trabalho é uma grande floresta que cresce sem fazer barulho. Também muitos jovens presentes no Sínodo manifestaram gratidão por aqueles que os acompanharam e destacaram a grande necessidade de figuras de referência".[33]

100. Graças a Deus, os sacerdotes que caíram nestes crimes horríveis são minoria; a maioria sustenta um ministério fiel e generoso. Aos jovens, peço que se deixem estimular por essa maioria. Em todo caso, quando virem um sacerdote em risco, porque perdeu a alegria de seu ministério, porque busca compensações afetivas ou está errando o rumo, ousem lembrá-lo de seu compromisso com Deus e com seu povo, anunciem-lhe o Evangelho e incentivem-no a manter-se no bom caminho. Assim, prestareis uma inestimável ajuda em algo fundamental: a prevenção que permite evitar

---

[32] DF, 31.
[33] Idem.

que se repitam essas atrocidades. Essa nuvem sombria também se torna um desafio para os jovens que amam Jesus Cristo e sua Igreja, porque pode contribuir muito nessa ferida se colocarem em jogo a sua capacidade de renovar, reivindicar, exigir coerência e testemunho, de voltarem a sonhar e se reinventar.

101. Este não é o único pecado dos membros da Igreja, cuja história tem muitas sombras. Nossos pecados estão à vista de todos; se refletem sem piedade nas rugas do rosto milenar da nossa Mãe e Mestra. Porque ela caminha há dois mil anos, compartilhando "As alegrias e as esperanças, as tristezas e as angústias dos homens".[34] E caminha como é, sem fazer cirurgias estéticas. Não teme mostrar os pecados de seus membros que, às vezes, alguns tentam dissimular, diante da luz brilhante da Palavra do Evangelho que limpa e purifica. Também não deixa de recitar todos os dias, envergonhada: "Tem piedade de mim, ó Deus, segundo a tua misericórdia; [...] meu pecado está sempre diante de mim" (Sl 51,3.5b). Mas lembremos que não se abandona a Mãe quando está ferida, mas sim a acompanha para que tire de si toda sua fortaleza e sua capacidade de começar continuamente.

---

[34] CONCÍLIO VATICANO II. Constituição pastoral *Gaudium et Spes*: sobre a Igreja no mundo de hoje. 15ª ed. São Paulo: Paulinas, 2007, 1.

102. No meio deste drama que justamente nos dói na alma, "nosso Senhor Jesus, que nunca abandona a sua Igreja, lhe dá a força e os instrumentos para um novo caminho".[35] Assim, esse momento sombrio, "com a valiosa ajuda dos jovens, pode ser realmente uma oportunidade para uma reforma de caráter histórico",[36] para se abrir a um novo Pentecostes e iniciar uma etapa de purificação e de mudança que outorgue à Igreja uma renovada juventude. Mas os jovens podem ajudar muito mais caso se sintam parte do coração do santo e paciente povo fiel de Deus, sustentado e vivificado pelo Espírito Santo, porque "será precisamente este santo povo de Deus que nos libertará da praga do clericalismo, que é o terreno fértil para todas estas abominações".[37]

Há saída

103. Neste capítulo, me detive a olhar a realidade dos jovens no mundo atual. Alguns outros aspectos aparecerão nos capítulos seguintes. Como já disse, não pretendo ser exaustivo com esta análise. Exorto as comunidades a realizarem com respeito e com seriedade um exame de sua própria realidade juvenil mais

---

[35] DF, 31.

[36] Ibidem, 31.

[37] FRANCISCO. Discurso de encerramento da reunião sobre "A proteção de menores na Igreja" (24 de fevereiro de 2019): *L'Osservatore Romano*, ed. semanal em espanhol (1º de março de 2019), p. 10.

próxima, para poder discernir os caminhos pastorais mais adequados. Mas não quero terminar este capítulo sem dirigir algumas palavras a cada um.

104. Recordo a Boa-Nova que nos presenteou a manhã da ressurreição: que para todas as situações obscuras ou dolorosas que mencionamos existe uma saída. Por exemplo, é verdade que o mundo digital pode te colocar diante do risco do fechamento, do isolamento e do prazer vazio. Mas não esqueças que há jovens que também nesses âmbitos são criativos e, às vezes, geniais. É o que fazia o jovem venerável Carlos Acutis.

105. Ele sabia muito bem que esses mecanismos da comunicação, da publicidade e das redes sociais podiam e podem ser usados para nos tornar seres adormecidos, dependentes do consumo e das novidades que podemos comprar, obcecados pelo tempo livre, trancados na negatividade. Mas ele foi capaz de usar as novas técnicas de comunicação para transmitir o Evangelho, para comunicar valores e beleza.

106. Ele não caiu na armadilha. Via que muitos jovens, embora parecessem diferentes, na verdade acabavam sendo iguais aos outros, correndo atrás do que os poderosos impõem através dos mecanismos de consumo e deslumbramento. Desse modo, não deixam brotar os dons que o Senhor nos deu, não oferecem a este mundo essas capacidades tão pessoais e únicas que Deus semeou em cada um. Assim, Carlos dizia, acontece que "todos nascem como originais, mas muitos morrem como fotocópias". Não permitas que isso te aconteça.

107. Não deixes que te roubem a esperança e a alegria, que te droguem para te usar como escravo de seus interesses. Atreve-te a ser mais, porque teu ser importa mais que qualquer coisa. Não te serve o ter ou aparecer. Podes chegar a ser o que Deus, teu Criador, sabe que és, se reconheces o muito a que és chamado. Invoca o Espírito Santo e caminha com confiança para a grande meta: a santidade. Assim não serás uma fotocópia. Serás plenamente tu mesmo.

108. Para isso, é preciso reconhecer algo fundamental: ser jovem não é apenas a busca de prazeres passageiros e sucessos superficiais. Para que a juventude cumpra a finalidade que tem na jornada da tua vida, deve ser um tempo de entrega generosa, de oferta sincera, de sacrifícios que doem, mas que nos tornam fecundos. É como dizia um grande poeta:

Se para recuperar o que recuperei
tive que perder primeiro o que perdi,
se para conseguir o que consegui
tive que suportar o que suportei,

se para estar agora apaixonado
foi necessário ser ferido,
considero certo ter sofrido o que sofri,
considero certo ter chorado o que chorei.

Porque, depois de tudo, constatei
que não se desfruta bem do desfrutado
senão depois de tê-lo sofrido.

Porque, depois de tudo, compreendi
que o que a árvore tem de florido
vive do que ela tem enterrado.[38]

109. Se és jovem em idade, mas te sentes frágil, cansado ou desiludido, peça a Jesus que te renove. Com ele não falta a esperança. O mesmo podes fazer se te sentes submerso em vícios, maus hábitos, egoísmo ou acomodação doentia. Jesus, cheio de vida, quer te ajudar para que possa valer à pena ser jovem. Assim, não privarás o mundo dessa contribuição que só tu lhe podes fazer, sendo único e irrepetível como és.

110. Mas quero te lembrar também que "É muito difícil lutar contra a própria concupiscência e contra as ciladas e tentações do demônio e do mundo egoísta, se estivermos isolados. A sedução com que

---

[38] BERNÁRDEZ, Francisco Luis. "Soneto", en *Cielo de tierra*, Buenos Aires, 1937.

nos bombardeiam é tal que, se estivermos demasiado sozinhos, facilmente perdemos o sentido da realidade, a clareza interior, e sucumbimos".[39] Isso vale especialmente para os jovens, porque, unidos, têm uma força admirável. Quando se entusiasmam por uma vida comunitária, são capazes de grandes sacrifícios pelos demais e para a comunidade. Em vez disso, o isolamento os debilita e os expõe aos piores males do nosso tempo.

---

[39] FRANCISCO. Exortação Apostólica *Gaudete et Exsultate*: sobre o chamado à santidade no mundo atual. São Paulo: Paulinas, 2018, 140.

Capítulo IV
O GRANDE ANÚNCIO PARA TODOS OS JOVENS

111. Além de qualquer circunstância, a todos os jovens quero anunciar agora o que há de mais importante, a primeira coisa, aquilo que nunca se deveria calar. É um anúncio que inclui três grandes verdades que todos precisamos escutar várias vezes.

Um Deus que é amor

112. Antes de tudo, quero dizer a cada um a primeira verdade: "Deus te ama". Se já o escutaste não importa, quero te lembrar: Deus te ama. Nunca duvides, apesar do que te aconteça na vida. Em qualquer circunstância, és infinitamente amado.

113. Talvez a experiência de paternidade que tiveste não seja a melhor, teu pai da terra talvez fosse distante e ausente ou, pelo contrário, dominador e explorador. Ou simplesmente não foi o pai que necessitavas. Não sei. Mas o que eu posso te dizer com certeza é que podes se jogar com segurança nos braços do

Pai divino, desse Deus que te deu a vida e que te a dá a cada momento. Ele te sustentará com firmeza e, ao mesmo tempo, sentirás que ele respeita profundamente a tua liberdade.

114. Em sua Palavra, encontramos muitas expressões do seu amor. É como se ele tivesse procurado diferentes maneiras de manifestá-lo para ver se com alguma dessas palavras conseguia chegar ao teu coração. Por exemplo, às vezes se apresenta como esses pais carinhosos que brincam com suas crianças: "Eu os lacei com laços de amizade, eu os amarrei com cordas de amor; fazia com eles como quem pega uma criança ao colo" (Os 11,4).

Às vezes, é carregado do amor dessas mães que amam sinceramente seus filhos, com um amor entranhável que é incapaz de esquecer ou de abandonar: "Pode uma mulher esquecer-se de seu filhinho, a ponto de não compadecer-se do filho de suas entranhas? Mesmo que ela se esquecesse, eu, contudo, não me esquecerei de ti" (Is 49,15).

Ele até se mostra como um apaixonado que chega a tatuar a pessoa amada na palma da mão para que possa ter seu rosto sempre perto: "Vê que eu te gravei nas minhas mãos" (Is 49,16).

Outras vezes, destaca a força e firmeza de seu amor, que não se deixa vencer: "Mesmo que as montanhas se retirem e as colinas se movam, o meu amor não se afastará de ti, e a minha aliança de paz não será abalada" (Is 54,10).

Ou nos diz que fomos esperados desde sempre, porque não aparecemos neste mundo por acaso. Desde antes de existirmos, éramos um projeto de seu amor: "Com amor eterno eu te amei, por isso te atraí com misericórdia" (Jr 31,3).

Ou nos faz notar que ele sabe ver nossa beleza, essa que ninguém mais pode reconhecer: "Por que és precioso aos meus olhos, e foste glorificado, eu te amo!" (Is 43,4).

Ou nos leva a descobrir que seu amor não é triste, mas pura alegria que se renova quando nos deixamos amar por ele: "O Senhor teu Deus está no teu meio. Valente, ele salvará. Ele se regozijará por ti com alegria, comovido em seu amor; e se encherá de júbilo por ti com exultação" (Sf 3,17).

115. Para ele, és realmente valioso, não és insignificante, és importante, porque és obra de suas mãos. Por isso, presta atenção e te recorda com carinho. Tens que confiar na "lembrança de Deus: sua memória não é um 'disco rígido' que registra e armazena todos os nossos dados, sua memória é um coração de compaixão, que se alegra eliminando definitivamente qualquer vestígio do mal".[1] Não quer levar em conta teus erros e, em todo caso, te ajudará a aprender algo também de tuas quedas. Porque te ama. Tenta ficar um momento em silêncio, deixando-se amar por ele. Tenta calar todas as vozes e os gritos interiores e fica um momento em seus braços de amor.

116. É um amor "que não esmaga, é um amor que não marginaliza, que não cala, um amor que não humilha nem subjuga. É o amor do Senhor, um amor de todos os dias, discreto e respeitoso, amor de liberdade e para a liberdade, amor que cura e que levanta. É o amor do Senhor que sabe mais de levantar que de quedas, de reconciliação que de proibição, de nova oportunidade que de condenar, de futuro que de passado".[2]

117. Quando te pede algo ou quando simplesmente permite esses desafios que a vida te apresenta, espera que lhe dês um espaço para poder te levar adiante, para te promover, para te amadurecer. Não o incomoda que expresses teus questionamentos, o que o preocupa é que não fales, que não te abras com sinceridade ao diálogo com ele. Diz a Bíblia que Jacó teve uma luta com Deus (Gn 32,25-31), e isso não o afastou do caminho

---

[1] FRANCISCO. Homilia na Santa Missa para o XXXI Dia Mundial da Juventude na Cracóvia (31 de julho de 2016): AAS 108 (2016), 923.

[2] FRANCISCO. Discurso na cerimônia de abertura da XXXIV Jornada Mundial da Juventude no Panamá (24 de janeiro de 2019): *L'Osservatore Romano*, ed. semanal em espanhol (25 de janeiro de 2019), p. 7.

do Senhor. Na realidade, é ele mesmo que nos exorta: "Vinde, e discutamos" (Is 1,18). Seu amor é tão real, tão verdadeiro, tão concreto que nos oferece uma relação cheia de diálogo sincero e fecundo. Finalmente, busque o abraço de teu Pai do céu no rosto amoroso de suas corajosas testemunhas na terra!

Cristo te salva

118. A segunda verdade é que Cristo, por amor, se entregou até o fim para nos salvar. Seus braços abertos na Cruz são o sinal mais precioso de um amigo capaz de chegar ao extremo: "Tendo amado os seus que estavam no mundo, amou-os até o fim" (Jo 13,1).

São Paulo dizia que ele vivia confiante nesse amor e que entregou tudo: "Minha vida atual na carne, eu a vivo na fé, crendo no Filho de Deus, que me amou e se entregou por mim" (Gl 2,20).

119. Esse Cristo que nos salvou na cruz de nossos pecados, com esse mesmo poder de sua entrega total, continua nos salvando e nos resgatando hoje. Olhe para a sua Cruz, agarre-se a ele, deixe-se salvar, porque: "Quantos se deixam salvar por ele são libertados do pecado, da tristeza, do vazio interior, do isolamento".[3]

---

[3] FRANCISCO. Exortação Apostólica *Evangelii Gaudium*: a Alegria do Evangelho. São Paulo: Paulinas, 2013, 1.

E, se peca e te afastas, ele volta a levantar-te com o poder de sua Cruz. Nunca te esqueças de que "ele perdoa setenta vezes sete. Volta uma vez e outra a nos carregar em seus ombros. Ninguém pode nos tirar a dignidade que este amor infinito e inabalável nos confere. Ele nos permite levantar a cabeça e recomeçar, com uma ternura que nunca nos defrauda e que sempre pode nos restituir a alegria".[4]

120. Nós "somos salvos por Jesus, porque ele nos ama e não pode deixar de fazê-lo. Podemos fazer qualquer coisa, mas ele nos ama e nos salva. Porque somente o que se ama pode ser salvo. Somente o que se abraça pode ser transformado. O amor do Senhor é maior que todas as nossas contradições, que todas as nossas fragilidades e que todas as nossas mesquinharias. Mas é precisamente através de nossas contradições, fragilidades e mesquinharias que ele quer escrever esta história de amor. Abraçou o filho pródigo, abraçou Pedro depois das negações e sempre nos abraça, depois das nossas quedas, ajudando-nos a levantar e a nos pôr de pé. Porque a verdadeira queda – atenção para isso –, *a verdadeira queda, a que é capaz de arruinar-nos a vida é a de permanecer no chão e não deixar-se ajudar*".[5]

---

[4] Ibidem, 3, p. 1020.

[5] FRANCISCO. Discurso na Vigília com os jovens na XXXIV Jornada Mundial da Juventude no Panamá (26 de janeiro de 2019): *L'Osservatore Romano*, ed. semanal em espanhol (1 de fevereiro de 2019), p. 13.

121. Seu perdão e sua salvação não são algo que compramos ou que temos que adquirir com nossas obras ou com nossos esforços. Ele nos perdoa e nos liberta gratuitamente. Sua entrega na Cruz é algo tão grande que não podemos nem devemos pagar, só temos que receber com imensa gratidão e com a alegria de ser tão amados antes que pudéssemos imaginar: "Ele nos amou primeiro" (1Jo 4,19).

122. Jovens amados pelo Senhor, quanto valeríeis se forem redimidos pelo sangue precioso de Cristo! Jovens queridos, vós "não tendes preço! Não sois peças de leilão! Por favor, não vos deixeis comprar, não vos deixeis seduzir, não vos deixei escravizar pelas colonizações ideológicas que colocam ideias na cabeça e, no final, nos tornamos escravos, dependentes, fracassados na vida. Vós não tendes preço; deveis repetir sempre: não estou em um leilão, não tenho preço. Sou livre, sou livre! Apaixonem-se por essa liberdade, a que Jesus oferece".[6]

123. Olhe os braços abertos de Cristo Crucificado, deixa-te salvar sempre. E quando te aproximas para confessar teus pecados, acredite firmemente em sua misericórdia, que te liberta da culpa. Contempla

---

[6] FRANCISCO. Discurso no encontro com os jovens durante o Sínodo (6 de outubro de 2018): *L'Osservatore Romano*, ed. semanal em espanhol (12 de outubro de 2018), p. 6-7.

seu sangue derramado com tanto carinho e deixe-te purificar por ele. Assim, poderás renascer sempre.

Ele vive!

124. Mas há uma terceira verdade, que é inseparável da anterior: Ele vive! É preciso voltar a recordá-lo com frequência, porque corremos o risco de tomar Jesus Cristo apenas como um bom exemplo do passado, como memória, como alguém que nos salvou dois mil anos atrás. Isso não nos serviria de nada, nos deixaria no mesmo, isso não nos libertaria. O que nos enche com a sua graça e que nos liberta, o que nos transforma, o que nos cura e nos conforta é alguém que vive, é o Cristo Ressuscitado, cheio de vitalidade sobrenatural, vestido de luz infinita. Por isso, São Paulo dizia: "E se Cristo não ressuscitou, a vossa fé é ilusória" (1Cor 15,17).

125. Se ele vive, então poderá estar presente em tua vida, em cada momento, para enchê-lo de luz. Assim, nunca mais haverá solidão nem abandono. Embora todos se afastem, ele estará, como prometeu: "Eis que estou convosco todos os dias, até o fim dos tempos" (Mt 28,20). Ele preenche tudo com sua presença invisível, e onde fores estará te esperando. Porque ele não só veio, mas vem e continuará vindo a cada dia para te convidar a caminhar até um horizonte sempre novo.

126. Contemple Jesus feliz, transbordante de alegria. Alegra-te com teu amigo que triunfou. Mataram o santo, o justo, o inocente, mas ele venceu. O mal não tem a última palavra. Na tua vida, o mal também não terá a última palavra, porque teu amigo que te ama quer triunfar em ti. Teu salvador vive.

127. Se ele vive, isso é uma garantia de que o bem pode fazer caminho em nossa vida, e que nossas fadigas servirão para algo. Então podemos abandonar os lamentos e olhar em frente, porque com ele sempre se pode. Essa é a segurança que temos. Jesus é o eterno vivente. Apegados a ele, viveremos e atravessaremos todas as formas de morte e de violência que se escondem no caminho.

128. Qualquer outra solução será frágil e passageira. Talvez servirá para algo durante algum tempo, e novamente nos encontraremos desprotegidos, abandonados, na intempérie. Com ele, ao contrário, o coração está arraigado em uma segurança básica, que permanece além de tudo. São Paulo diz que ele quer estar unido a Cristo: "É assim que eu conheço Cristo, a força da sua Ressurreição" (Fl 3,10). É o poder que se manifestará mais de uma vez em sua existência, porque ele veio para te dar vida, e vida em abundância (Jo 10,10).

129. Se consegues valorizar com teu coração a beleza deste anúncio e te deixas encontrar pelo Senhor, se te deixas amar e salvar por ele e começas a conversar com o Cristo vivo sobre as coisas concretas da tua vida, essa será a grande experiência, essa será a experiência fundamental que sustentará tua vida cristã. Essa é também a experiência que podes comunicar a outros jovens. Porque, "Ao início do ser cristão, não há uma decisão ética ou uma grande ideia, mas o encontro com um acontecimento, com uma Pessoa que dá à vida um novo horizonte e, dessa forma, o rumo decisivo".[7]

O Espírito dá vida

130. Nestas três verdades: Deus te ama, Cristo é teu salvador, ele vive – aparece Deus, o Pai, e aparece Jesus. Onde está o Pai e Jesus Cristo, também está o Espírito Santo. É ele quem está por trás. É ele quem prepara e abre os corações para que recebam esse anúncio, é ele quem mantém viva essa experiência de salvação, é ele quem te ajudará a crescer nessa alegria, se o deixares agir. O Espírito Santo enche o coração do Cristo Ressuscitado e dali se derrama em tua vida como um manancial. E, quando o recebes, o Espírito Santo te faz entrar cada vez mais no coração de Cristo para que te enchas sempre mais de seu amor, de sua luz e de sua força.

---

[7] BENTO XVI. Carta Encíclica *Deus Caritas Est:* sobre o amor cristão. 11ª ed. São Paulo: Paulinas, 2011, 1.

131. Invoca cada dia o Espírito Santo para que, constantemente, renove em ti a experiência do grande anúncio. Por que não? Não perdes nada, e ele pode mudar tua vida, pode iluminá-la e dar-lhe um rumo melhor. Não te mutila, não te tira nada, pelo contrário, te ajuda a encontrar o que necessitas da melhor maneira. Necessitas de amor? Não o encontrarás na devassidão, usando os outros, possuindo a outros ou dominando-os. Vais encontrá-lo de uma maneira que verdadeiramente te fará feliz. Buscas intensidade? Não a viverás acumulando objetos, gastando dinheiro, correndo desesperado atrás de coisas deste mundo. Chegará de uma maneira muito mais bonita e satisfatória, se te deixas impulsionar pelo Espírito Santo.

132. Buscas paixão? Como diz este belo poema: Apaixone-se! (ou te deixe apaixonar), porque "nada pode importar mais do que encontrar a Deus. Isto é, apaixonar-se por ele de maneira definitiva e absoluta. Aquele pelo qual te apaixonas acalma tua imaginação e acaba deixando sua marca em tudo. Será isto a decidir o que te tira da cama de manhã, que fazes com teus fins de tarde, em que empregas os teus finais de semana, o que lês, o que conheces, o que parte teu coração e o que te recarrega de alegria e gratidão. Apaixona-te! Permanece no amor! Tudo será diferente".[8] Este amor

---

[8] Pedro Arrupe, Apaixone-se.

a Deus que toma com paixão toda a vida é possível graças ao Espírito Santo, porque "O amor de Deus foi derramado em nossos corações pelo Espírito Santo que nos foi dado" (Rm 5,5).

133. Ele é o manancial da melhor juventude. Porque, quem confia no Senhor, "será como árvore plantada junto à água, que estende suas raízes para o rio e não teme o tempo de calor, suas folhas permanecem verdejantes" (Jr 17,8). Enquanto "os adolescentes se fadigam e cansam" (Is 40,30), os que confiam no Senhor "renovam suas forças, criam asas como de águia, correm e não se fadigam, caminham e não se cansam" (Is 40,31).

Capítulo V
CAMINHOS DE JUVENTUDE

134. Como se vive a juventude, quando nos deixamos iluminar e transformar pelo grande anúncio do Evangelho? É importante se fazer esta pergunta, porque a juventude, mais do que um orgulho, é um presente de Deus: "Ser jovem é uma graça, uma sorte".[1] É um dom que podemos desperdiçar inutilmente, ou podemos recebê-lo agradecidos e vivê-lo em plenitude.

135. Deus é o autor da juventude e ele trabalha em cada jovem. A juventude é um tempo bendito para o jovem e abençoado para a Igreja e para o mundo. É uma alegria, uma canção de esperança e uma bem-aventurança. Apreciar a juventude implica ver esse tempo de vida como um momento valioso, e não como uma etapa de passagem na qual os jovens se sentem empurrados para a idade adulta.

Tempo de sonhos e de escolhas

136. Na época de Jesus, a saída da infância era um passo extremamente esperado na vida, que se celebrava

---

[1] PAULO VI. Discurso pela beatificação de Nunzio Sulprizio (1º de dezembro de 1963): AAS 56 (1964), 28.

e vivia intensamente. Por isso, Jesus, quando devolveu a vida a uma "criança" (Mc 5,39), a fez dar um passo a mais, a promoveu e converteu em "menina" (Mc 5,41). Dizendo "menina, levante-te!" (*Talitá kum*), ao mesmo tempo a fez mais responsável por sua vida, abrindo-lhe as portas para a juventude.

137. "A juventude, fase do desenvolvimento da personalidade, está marcada por sonhos que vão tomando corpo, por relações que adquirem cada vez mais consistência e equilíbrio, por tentativas e experimentações, por escolhas que constroem gradualmente um projeto de vida. Nesse período da vida, os jovens são chamados a projetar-se para a frente sem cortar suas raízes, para construir autonomia, mas não sozinhos".[2]

138. O amor de Deus e nossa relação com Cristo vivo não nos privam de sonhar, não nos exigem que reduzamos nossos horizontes. Ao contrário, esse amor nos promove, nos estimula, nos lança a uma vida melhor e mais bonita. A palavra "inquietação" resume muitas das buscas dos corações dos jovens. Como dizia São Paulo VI, "Precisamente nas insatisfações que os atormentam [...] há um elemento de luz".[3] A inquietação insatisfeita, juntamente com o espanto pelo novo que aparece no

---

[2] DF, 65.
[3] PAULO VI. Homilia na Santa Missa com os jovens em Sydney (2 de dezembro de 1970): AAS 63 (1971), 64.

horizonte, abre caminho para a ousadia que os move a assumirem a si mesmos, a tornarem-se responsáveis por uma missão. Essa inquietude saudável que desperta especialmente na juventude segue sendo a característica de qualquer coração que se mantém jovem, disponível, aberto. A verdadeira paz interior convive com essa profunda insatisfação. Agostinho dizia: "Senhor, nos criaste para ti e inquieto está o nosso coração, até que descanse em ti".[4]

139. Tempos atrás, um amigo me perguntou o que vejo quando penso em um jovem. Minha resposta foi que "vejo um jovem ou uma jovem que busca o próprio caminho, que quer caminhar com os próprios pés, que aparece para o mundo e olha para o horizonte com os olhos cheios de esperança, cheios de futuro e também de ilusões. O jovem caminha com os dois pés como os adultos, mas, ao contrário de adultos, que os têm paralelos, põe um na frente do outro, pronto para ir, para partir. Sempre olhando para a frente. Falar de jovens significa falar de promessas, e significa falar de alegria. Os jovens têm tanta força que são capazes de olhar com muita esperança. Um jovem é uma promessa de vida que traz incorporado certo grau de tenacidade; tem loucura suficiente para ser capaz de se autoenganar

---

[4] *Confissões*, I, 1, 1: PL 32, 661.

e capacidade suficiente para ser curar da decepção que pode derivar dele".[5]

140. Alguns jovens talvez rejeitem esta etapa da vida porque gostariam de continuar sendo crianças, ou desejariam "uma extensão indefinida da adolescência e o adiamento das decisões; o medo do definitivo gera, assim, uma espécie de paralisia na tomada de decisões. A juventude, no entanto, não pode ser um tempo em suspenso: é a idade das decisões e, precisamente, nisso consiste o seu atrativo e o seu maior feito. Os jovens tomam decisões no âmbito profissional, social, político e outros mais radicais que darão uma configuração determinante a sua existência".[6] Também tomam decisões no que diz respeito ao amor, à escolha do cônjuge e à opção de ter os primeiros filhos. Aprofundaremos esses temas nos últimos capítulos, fazendo referência à vocação de cada um e ao seu discernimento.

141. Mas contra os sonhos que mobilizam decisões, sempre "há a ameaça do lamento, da acomodação. Deixamos isso para aqueles que seguem a 'deusa lamentação' […]. É um engano: te faz tomar o caminho errado. Quando tudo parece paralisado e estagnado, quando os problemas pessoais nos inquietam, o mal-estar da

---

[5] FRANCISCO. *Deus é jovem*: uma conversa com Thomas Leoncini. Barcelona: Planeta, 2018, 16-17.

[6] DF, 68.

sociedade não encontra as devidas respostas, não é bom dar-se por vencido. O caminho é Jesus: fazê-lo subir em nossa barca e remar mar adentro com ele. Ele é o Senhor! Ele muda a perspectiva da vida. A fé em Jesus conduz a uma esperança que vai mais além, a uma certeza fundamentada não só em nossas qualidades e habilidades, mas na Palavra de Deus, no convite que vem dele. Sem fazer demasiados cálculos humanos, nem preocupar-vos em verificar se a realidade que vos rodeia coincide com vossas seguranças. Remem mar adentro, saí de vós mesmos".[7]

142. É preciso perseverar no caminho dos sonhos. Para isso, é necessário estar atento a uma tentação que geralmente nos engana: a ansiedade. Pode ser uma grande inimiga quando nos leva a render-nos, porque descobrimos que os resultados não são instantâneos. Os mais belos sonhos se conquistam com esperança, paciência e empenho, sem ser apressados. Ao mesmo tempo, não é preciso parar por insegurança, não precisa ter medo de apostar e cometer erros. Sim, tem que ter medo de viver paralisado, como mortos em vida, convertidos em seres que não vivem porque não querem arriscar, porque não perseveram em seus esforços ou porque têm medo de errar. Mesmo se errares, sempre

---

[7] FRANCISCO. Encontro com os jovens em Cagliari (22 de setembro de 2013): AAS 105 (2013), 904-905.

podes levantar a cabeça e começar de novo, porque ninguém tem o direito de te roubar a esperança.

143. Jovens, não desistam do melhor de sua juventude. Não observem a vida a partir de uma varanda. Não confundam a felicidade com um sofá, nem vivam toda a sua vida na frente de um visor, de uma tela. Também não se convertam no triste espetáculo de um veículo abandonado. Não sejam carros estacionados, ou melhor, deixem brotar os sonhos e tomem decisões. Arrisquem, mesmo que se equivoquem. Não sobrevivam com a alma anestesiada, nem olhem o mundo como se fossem turistas. Façam barulho! Eliminem os medos que os paralisam para que não se transformem em jovens mumificados. Vivam! Entreguem-se ao melhor da vida! Abram a porta da gaiola e saiam para voar! Por favor, não se aposentem antes do tempo.

A vontade de viver e de experimentar

144. Essa projeção para o futuro que se sonha não significa que os jovens estejam completamente lançados para a frente, porque ao mesmo tempo há neles um forte desejo de viver o presente, de aproveitar ao máximo as possibilidades que esta vida lhes dá. Este mundo está repleto de beleza! Como desprezar os presentes de Deus?

145. Ao contrário do que muitos pensam, o Senhor não quer enfraquecer esse desejo de viver. É saudável lembrar o que ensinava um sábio do Antigo Testamento: "Filho, se tens posses, faze o bem a ti mesmo. […] Não te prives do bem de um dia" (Sr 14,11.14). O verdadeiro Deus, o que te ama, te quer feliz. Por isso, na Bíblia encontramos também este conselho dirigido aos jovens: "Alegra-te, pois, ó jovem, na tua adolescência, e teu coração esteja feliz durante tua juventude; […] Tira a angústia do teu coração" (Ecl 11,9-10). Porque é Deus quem "nos provê abundantemente de tudo para nosso bom uso" (1Tm 6,17).

146. Como poderá ser grato a Deus alguém que não é capaz de desfrutar de seus pequenos presentes cotidianos, alguém que não sabe parar ante as coisas simples e agradáveis que encontra a cada passo? Porque "Quem tem inveja de si mesmo, ninguém é pior do que ele" (Sr 14,6). Não se trata de ser insaciável, que sempre está obcecado por mais e mais prazeres. Ao contrário, porque isso vai te impedir de viver o presente. A questão é saber abrir os olhos e parar para viver plenamente e com gratidão cada pequena dádiva da vida.

147. Está claro que a Palavra de Deus te convida a viver o presente, não só para preparar o amanhã: "Não fiqueis preocupados com o amanhã, pois o amanhã terá sua própria preocupação!" (Mt 6,34). Mas isso não se refere a nos lançar a um descontrole irresponsável que nos deixa vazios e sempre insatisfeitos, mas viver o presente com grandeza, usando as energias para coisas boas, cultivando a fraternidade, seguindo Jesus e valorizando cada pequena alegria da vida como um presente do amor de Deus.

148. Nesse sentido, quero lembrar que o cardeal François-Xavier Nguyen Van Thuan, quando foi trancado em um campo de concentração, não quis que seus dias fossem apenas esperar um futuro. Sua opção foi "viver o momento presente enchendo-o de amor"; e a maneira como praticava era: "Aproveito as ocasiões que se apresentam cada dia para realizar ações ordinárias de uma maneira extraordinária".[8] Enquanto lutas para moldar teus sonhos, vive plenamente o hoje, entrega tudo e enche de amor cada momento. Porque é verdade que este dia de tua juventude pode ser o último, e então vale a pena vivê-lo com toda vontade e com toda profundidade possível.

149. Isso também inclui os momentos duros, que devem ser vividos a fundo para chegar a aprender sua mensagem. Como ensinam os suíços: "Ele está ali onde pensávamos que nos havia abandonado e que já não havia salvação alguma. É um paradoxo, mas o sofrimento, as trevas se transformaram para muitos cristãos

---

[8] THUAN, François-Xavier Nguyen Van. *Cinco pães e dois peixes*: do sofrimento do cárcere – um alegre testemunho de fé. México, 1999, 21.

[...] em lugares de encontro com Deus".[9] Além disso, o desejo de viver e experimentar se refere especialmente a muitos jovens em situação de deficiência física, mental e sensorial. Inclusive, se nem sempre podem fazer as mesmas experiências que seus companheiros, têm recursos incríveis e inimagináveis que às vezes ultrapassam o comum. O Senhor Jesus os enche de outros dons, que a comunidade está chamada a valorizar, para que possam descobrir seu projeto de amor para cada um deles.

Amizade com Cristo

150. Por mais que vivas e experimentes, não chegarás ao profundo da juventude, não conhecerás a verdadeira plenitude de ser jovem, se não encontras cada dia o grande amigo, se não vives em amizade com Jesus.

151. A amizade é uma dádiva da vida e um dom de Deus. Através dos amigos, o Senhor nos vai polindo e nos vai amadurecendo. Ao mesmo tempo, os amigos fiéis, que estão ao nosso lado nos momentos difíceis, são um reflexo do carinho do Senhor, de seu consolo e de sua presença amável. Ter amigos nos ensina a nos abrir, a compreender, a cuidar dos outros, a sair do nosso comodismo e isolamento, para compartilhar

---

[9] CONFERÊNCIA EPISCOPAL SUÍÇA. *Prendre le temps:* pour toi, pour moi, pour nous (2 de fevereiro de 2018).

a vida. Por isso, "Ao amigo fiel não há nada que se compare" (Sr 6,15).

152. A amizade não é uma relação fugaz ou passageira, mas estável, firme, fiel, que amadurece com o passar do tempo. É uma relação de afeto que nos faz sentir unidos, e ao mesmo tempo é um amor generoso, que nos leva a buscar o bem do amigo. Embora os amigos possam ser muito diferentes entre si, sempre há algumas coisas em comum que os levam a se sentir próximos, e há uma intimidade que se compartilha com sinceridade e confiança.

153. É tão importante a amizade, que o próprio Jesus se apresenta como amigo: "Já não vos chamo servos [...] Eu vos chamo amigos" (Jo 15,15). Pela graça que ele nos dá, somos elevados de tal forma que somos realmente amigos seus. Com o mesmo amor que ele derrama em nós, podemos amá-lo, levando seu amor aos outros, com a esperança de que também eles encontrarão o seu lugar na comunidade de amigos fundada por Jesus Cristo.[10] E mesmo que ele já esteja totalmente feliz como Ressuscitado, é possível ser generoso com ele, ajudando-o a construir o seu Reino neste mundo, sendo seus instrumentos para levar sua mensagem e sua luz e, acima de tudo, seu amor aos outros (Jo 15,16). Os discípulos escutaram o chamado de Jesus à amizade com

---

[10] SANTO TOMÁS DE AQUINO. *Summa Theologiae* II-II, q. 23, art. 1.

ele. Foi um convite que não os forçou, mas que propôs delicadamente à sua liberdade: "Vinde e vereis!", lhes disse, e "Foram, e viram onde morava, e permaneceram com ele aquele dia" (Jo 1,39). Depois desse encontro, íntimo e inesperado, deixaram tudo e foram com ele.

154. A amizade com Jesus é inquebrantável. Ele nunca se vai, embora, às vezes, pareça fazer silêncio. Quando o necessitamos, se deixa encontrar por nós (Jr 29,14) e está ao nosso lado para onde vamos (Js 1,9). Porque ele jamais rompe uma aliança. Ele nos pede que não o abandonemos: "Permanecei em mim" (Jo 15,4). Mas, se nos afastamos, "ele, no entanto, permanece fiel, pois não pode negar a si mesmo" (2Tm 2,13).

155. Com o amigo falamos, compartilhamos as coisas mais secretas. Com Jesus também conversamos. A oração é um desafio e uma aventura. E que aventura! Permite que o conheçamos cada vez melhor, entremos em seu mistério e cresçamos em uma união sempre mais forte. A oração nos permite lhe contar tudo o que acontece conosco e nos jogar confiantes em seus braços e, ao mesmo tempo, nos brinda com momentos de preciosa intimidade e afeição, nos quais Jesus derrama em nós sua própria vida. Rezando, "abrimos o jogo" com ele, lhe damos espaço "para que ele possa agir, possa entrar e possa vencer".[11]

---

[11] FRANCISCO. Discurso aos voluntários do XXXIV Dia Mundial da Juventude no Panamá (27 de janeiro de 2019): *L'Osservatore Romano*, ed. semanal em espanhol (1º de fevereiro de 2019), p. 17.

156. Assim, é possível experimentar uma constante unidade com ele, que supera tudo o que podemos viver com outras pessoas: "Eu vivo, mas não eu: é Cristo que vive em mim" (Gl 2,20). Não prives a tua juventude desta amizade. Poderás senti-lo ao teu lado não só quando rezas. Reconhecerás que caminha contigo em todo momento. Tenta descobri-lo e viverás a bela experiência de saber que estás sempre acompanhado. É o que os discípulos de Emaús viveram quando, enquanto caminhavam e conversavam desorientados, Jesus se fez presente e "pôs-se a caminhar com eles" (Lc 24,15). Um santo dizia que "o Cristianismo não é um conjunto de verdades que se deve acreditar, de leis que se devem cumprir, de proibições. Assim se torna muito repugnante. O Cristianismo é uma pessoa que me amou tanto que reclama meu amor. O Cristianismo é Cristo".[12]

157. Jesus pode unir todos os jovens da Igreja em um único sonho, "um sonho grande e um sonho capaz de abrigar a todos. Esse sonho pelo qual Jesus deu a sua vida na cruz e o Espírito Santo se derramou e tatuou a fogo no dia de Pentecostes no coração de cada homem e cada mulher, no coração de cada um. [...] O tatuou à espera de que encontre espaço para

---

[12] SANTO OSCAR ROMERO. Homilia (6 de novembro de 1977): *Seu pensamento*, I-II, San Salvador, 2000, 312.

crescer e se desenvolver. Um sonho, um sonho chamado Jesus semeado pelo Pai, Deus como ele – como o Pai –, enviado pelo Pai com a confiança de que crescerá e viverá em cada coração. Um sonho concreto, que é uma pessoa, que corre por nossas veias, estremece o coração e o faz dançar".[13]

Crescimento e amadurecimento

158. Muitos jovens se preocupam com seu corpo, procurando o desenvolvimento da força física ou da aparência. Outros se preocupam em desenvolver suas capacidades e conhecimentos, e assim se sentem mais seguros. Alguns apontam para mais alto, tratam de comprometer-se mais e buscam um desenvolvimento espiritual. São João dizia: "Eu vos escrevi jovens, porque sois fortes, a Palavra de Deus permanece em vós" (1Jo 2,14). Buscar o Senhor, guardar a sua Palavra, tratar de respondê-lo com a própria vida, crescer nas virtudes, isso fortalece os corações dos jovens. Para isso, é preciso manter a conexão com Jesus, estar em sintonia com ele, já que não crescerás na felicidade e na santidade apenas com tuas forças e tua mente. Assim como te preocupa não perder a conexão com a internet,

---

[13] FRANCISCO. Discurso na cerimônia de abertura da XXXIV Jornada Mundial da Juventude no Panamá (24 de janeiro de 2019): *L'Osservatore Romano*, ed. semanal em espanhol (25 de janeiro de 2019), p. 6.

cuida para que tua conexão com o Senhor esteja sempre ativa, e isso significa não cortar o diálogo, escutá-lo, contar tuas coisas, e quando não souber com clareza o que deve fazer, pergunte: "Jesus, que farias tu no meu lugar?".[14]

159. Espero que possas valorizar tanto a ti mesmo, levar-te tão a sério, que busques teu crescimento espiritual. Além dos entusiasmos próprios da juventude, também está a beleza de buscar "a justiça, a fé, o amor, a paz" (2Tm 2,22). Isso não significa perder a espontaneidade, o frescor, o entusiasmo, a ternura. Porque tornar-se adulto não implica abandonar os melhores valores desta etapa da vida. Senão o Senhor poderá te repreender um dia: "Eu me lembro de ti, do teu carinho de jovem, do amor do teu noivado, quando me seguias pelo deserto" (Jr 2,2).

160. Ao contrário, inclusive um adulto deve amadurecer sem perder os valores da juventude. Porque, na realidade, cada etapa da vida é uma graça permanente, encerra um valor que não deve passar. Uma juventude bem vivida permanece como uma experiência interior, e na vida adulta é assumida, é aprofundada e continua a dar frutos. Se é próprio do jovem sentir-se atraído

---

[14] FRANCISCO. Encontro com os jovens no Santuário Nacional de Maipu, Santiago do Chile (17 de janeiro de 2018): *L'Osservatore Romano*, ed. semanal em espanhol (19 de janeiro de 2018), p. 11.

pelo infinito que abre e que começa,[15] um risco da vida adulta, com suas seguranças e confortos, é estreitar cada vez mais esse horizonte e perder esse valor próprio dos anos jovens. Mas deveria acontecer o contrário: amadurecer, crescer e organizar a vida sem perder essa atração, essa abertura ampla, esse fascínio por uma realidade que é sempre algo mais. Em cada momento da vida, podemos renovar e acrescentar à juventude. Quando comecei meu ministério como papa, o Senhor me ampliou os horizontes e me deu uma renovada juventude. O mesmo pode acontecer com um casamento de muitos anos, ou a um monge em seu mosteiro. Existem coisas que precisam "assentar-se" ao longo dos anos, mas essa maturação pode conviver com o fogo que se renova, com um coração sempre jovem.

161. Crescer é conservar e nutrir as coisas mais preciosas que a juventude te dá, mas ao mesmo tempo é estar aberto para purificar o que não é bom e receber novos dons de Deus que te chama a desenvolver o que vale a pena. Às vezes, os complexos de inferioridade podem te levar a não querer ver teus defeitos e tuas fraquezas e, desse modo, podes te fechar ao crescimento e ao amadurecimento. Melhor se deixar amar por Deus, que te ama assim como és, que te valoriza e respeita,

---

[15] GUARDINI, Romano. Le età della vita, en *Opera omnia* IV, 1, Brescia, 2015, 209.

mas também oferece mais e mais; mais de sua amizade, mais fervor na oração, mais fome de sua Palavra, mais desejos de receber a Cristo na Eucaristia, mais vontade de viver o seu Evangelho, mais fortaleza interior, mais paz e alegria espiritual.

162. Porém, te recordo que não serás santo e pleno copiando os outros. Nem sequer imitar os santos significa copiar seu modo de ser e viver a santidade: "Há testemunhos que são úteis para nos estimular e motivar, mas não para procurarmos copiá-los, porque isso poderia até afastar-nos do caminho, único e específico, que o Senhor predispôs para nós".[16] Tu tens que descobrir quem és e desenvolver o teu caminho próprio de ser santo, independentemente do que dizem e pensam os outros. Chegar a ser santo é tornar-te mais plenamente tu mesmo, ser aquele que Deus quis sonhar e criar, não uma fotocópia. Tua vida deve ser um estímulo profético, que impulsione os outros, que deixe uma marca neste mundo, essa marca única que só tu poderás deixar. Por outro lado, se copiares, privarás a esta terra e também ao céu, disso que ninguém mais de ti poderá oferecer. Lembro que São João da Cruz, no seu *Cântico Espiritual*, escrevia que cada um tinha que aproveitar seus

---

[16] FRANCISCO. Exortação Apostólica *Gaudete et Exsultate*: sobre o chamado à santidade no mundo atual. São Paulo: Paulinas, 2018, 11.

conselhos espirituais "segundo seu modo",[17] porque o próprio Deus quis manifestar sua graça "a uns de uma forma e a outros de outra".[18]

Trilhas de fraternidade

163. Teu desenvolvimento espiritual se expressa, antes de tudo, crescendo no amor fraterno, generoso, misericordioso. São Paulo dizia: "O Senhor vos faça crescer abundantemente no amor de uns para com os outros e para com todos" (1Ts 3,12). Oxalá que vivas cada vez mais este *éxtasis* que é sair de si para buscar o bem dos outros, até dar vida.

164. Quando um encontro com Deus é chamado de *éxtasis* é porque nos tira de nós mesmos e nos eleva, cativados pelo amor e pela beleza de Deus. Mas também podemos ser tirados de nós mesmos para reconhecer a beleza escondida em cada ser humano, sua dignidade, sua grandeza como imagem de Deus e filho do Pai. O Espírito Santo quer nos impulsionar para que saiamos de nós mesmos, abracemos os outros com o amor e busquemos o seu bem. Portanto, sempre é melhor viver a fé juntos e expressar nosso amor em uma vida comunitária, compartilhando com outros jovens nosso afeto,

---

[17] Cântico Espiritual B, Prólogo, 2.
[18] Ibidem, XIV-XV, 2.

nosso tempo, nossa fé e nossa inquietudes. A Igreja oferece espaços diversos para viver a fé em comunidade, porque tudo é mais fácil juntos.

165. As feridas recebidas podem levar-te à tentação do isolamento, a te fechar em ti mesmo, a acumular ressentimentos, porém nunca deixes de escutar o chamado de Deus ao perdão. Como bem ensinaram os Bispos de Ruanda, "a reconciliação com o outro pede em primeiro lugar para descobrir nele o esplendor da imagem de Deus [...]. Nesta ótica, é vital distinguir o pecador de seu pecado e de sua ofensa, para alcançar a verdadeira reconciliação. Isso significa que deve odiar o mal que o outro te inflige, mas que continue a amá-lo, porque reconhece a sua fraqueza e vê a imagem de Deus nele".[19]

166. Às vezes, toda a energia, os sonhos e o entusiasmo da juventude se enfraquecem pela tentação de nos encerrar em nós mesmos, nos nossos problemas, sentimentos feridos, lamentos e acomodações. Não deixes que isso te ocorra, porque te tornarás velho por dentro antes do tempo. Cada idade tem sua beleza, e à juventude não pode faltar utopia comunitária, a capacidade de sonhar unidos, os grandes horizontes que olhamos juntos.

---

[19] Conferência Episcopal de Ruanda. Carta dos Bispos Católicos aos fiéis durante o ano especial de reconciliação em Ruanda, Kigali (18 de janeiro de 2018), 17.

167. Deus ama a alegria dos jovens e os convida especialmente a essa alegria de quem vive em comunhão fraterna, a essa satisfação superior de quem sabe compartilhar, porque "há mais felicidade em dar do que em receber" (At 20,35) e "Deus ama a quem dá com alegria" (2Cor 9,7). O amor fraterno multiplica nossa capacidade de nos alegrarmos, já que nos torna capazes de desfrutar o bem dos outros: "Alegrai-vos com os que se alegram" (Rm 12,15). Que a espontaneidade e o impulso de tua juventude tornem-se cada dia mais a espontaneidade do amor fraterno, o frescor para reagir sempre com perdão, com generosidade, com desejo de construir comunidade. Um provérbio africano diz: "Se queres andar rápido, caminha sozinho. Se queres ir longe, caminha com os outros". Não nos deixemos roubar a fraternidade.

Jovens comprometidos

168. É verdade que, às vezes, diante de um mundo tão cheio de violência e egoísmo, os jovens podem correr o risco de se fechar em pequenos grupos e, assim, privar-se dos desafios da vida em sociedade, de um mundo amplo, desafiador e necessitado. Sentem que vivem o amor fraterno, mas talvez seu grupo tenha se tornado mera extensão de seu eu. Isso se agrava quando a vocação do leigo é concebida somente como um serviço dentro da Igreja (leitores, acólitos, catequistas etc.), esquecendo que a vocação leiga é acima de tudo a caridade na família, a caridade social e a caridade política: é um compromisso concreto a partir da fé para a construção de uma nova sociedade, é viver no meio do mundo e da sociedade para evangelizar suas várias instâncias, para fazer crescer a paz, a convivência, a justiça, os direitos humanos, a misericórdia e, assim, estender o Reino de Deus no mundo.

169. Proponho aos jovens ir além dos grupos de amigos e construir a "amizade social, buscar o bem comum. A inimizade social destrói. E uma família é destruída por inimizade. Um país se destrói pela inimizade. O mundo se destrói pela inimizade. E a maior inimizade é a guerra. E, hoje em dia, vemos que o mundo está se destruindo pela guerra. Porque eles são incapazes de sentar e conversar. [...] Sede capaz de criar a amizade social".[20] Não é fácil, sempre é preciso renunciar a algo, há que negociar, mas, se o fizermos pensando no bem de todos, podemos alcançar a magnífica experiência de deixar de lado as diferenças para lutar juntos por algo comum. Se logramos encontrar pontos de coincidência em meio a muitas divergências, nesse esforço artesanal e, às vezes, custoso de estender pontes, para construir uma paz que seja boa para todos,

---

[20] Saudação aos jovens do Centro Cultural Padre Félix Varela em La Havana (20 de setembro de 2015): *L'Osservatore Romano*, ed. semanal em espanhol (25 de setembro de 2015), p. 5.

esse é o milagre da cultura do encontro que os jovens podem ousar viver com paixão.

170. O Sínodo reconheceu que, "embora de forma diferente em relação às gerações passadas, compromisso social é um traço específico dos jovens de hoje. Ao lado de alguns indiferentes, há muitos outros dispostos a comprometer-se em iniciativas de voluntariado, cidadania ativa e solidariedade social, que devem ser acompanhados e incentivados para que emerjam os talentos, as habilidades e a criatividade, e para encorajá-los a assumir responsabilidades. O compromisso social e o contato direto com os pobres seguem sendo uma ocasião fundamental para descobrir ou aprofundar a fé e discernir a própria vocação [...]. Se assinalou também a disponibilidade ao compromisso no campo político para a construção do bem comum".[21]

171. Hoje, graças a Deus, os grupos de jovens nas paróquias, nas escolas, nos movimentos ou nos grupos universitários costumam sair para acompanhar os idosos e enfermos, ou visitar bairros pobres, ou saem juntos a auxiliar os indigentes nas chamadas "noites da caridade". Muitas vezes, eles reconhecem que nessas tarefas é mais o que recebem do que o que dão, porque se aprende e amadurece muito quando alguém se atreve a fazer contato com o sofrimento dos outros. Além

---

[21] DF, 46.

disso, nos pobres há uma sabedoria oculta, e eles, com palavras simples, podem nos ajudar a descobrir valores que não vemos.

172. Outros jovens participam de programas sociais destinados à construção de casas para aqueles que não têm teto ou no saneamento de lugares contaminados, ou no recolhimento de ajudas para os mais necessitados. Seria bom que essa energia comunitária se aplicasse não apenas a ações esporádicas, mas de maneira estável, com objetivos claros e com uma boa organização que ajude a realizar uma tarefa mais contínua e eficiente. Os universitários podem se unir de forma interdisciplinar para aplicar seu conhecimento para resolver problemas sociais, e nessa tarefa eles podem trabalhar lado a lado com jovens de outras Igrejas ou outras religiões.

173. Como no milagre de Jesus, os pães e os peixes dos jovens podem ser multiplicados (Jo 6,4-13). Da mesma forma da parábola, as pequenas sementes dos jovens se transformam em árvores e colheita (Mt 13,23.31-32). Tudo isso desde a fonte viva da Eucaristia, em que nosso pão e nosso vinho se transfiguram para nos dar a vida eterna. Se pede aos jovens uma tarefa imensa e difícil, com a fé no Ressuscitado, poderão enfrentá-la com criatividade e esperança, e situando-se sempre no lugar do serviço, como os serventes daquele casamento, colaboradores surpreendidos com o primeiro sinal de

Jesus, que só seguiram a recomendação de sua Mãe: "Fazei tudo o que ele vos disser" (Jo 2,5). Misericórdia, criatividade e esperança fazem crescer a vida.

174. Quero te encorajar a esse compromisso, porque eu sei que "teu coração, coração jovem, quer construir um mundo melhor. Sigo as notícias do mundo e vejo que tantos jovens, em muitas partes do mundo, saíram às ruas para expressar o desejo de uma civilização mais justa e fraterna. Os jovens na rua são jovens que querem ser protagonistas da mudança. Por favor, não deixeis que outros sejam os protagonistas da mudança! Sois vós que tendes o futuro. Por meio de vós o futuro entra no mundo. Peço-vos que também sejais protagonistas dessa mudança. Continuai a superar a apatia e a oferecer uma resposta cristã às inquietudes sociais e políticas que se desenvolvem em diversas partes do mundo. Peço-vos que sejais construtores do futuro, que vos comprometais no trabalho por um mundo melhor. Queridos jovens, por favor, não ficais na varanda olhando a vida, mergulheis nela. Jesus não ficou na varanda, mergulhou; não assistais à vida 'da varanda', mergulheis nela como fez Jesus".[22] Mas, acima de tudo, de um jeito ou de outro, sejais lutadores pelo bem comum, sejais servidores dos pobres, sejais protagonistas da revolução da caridade e do serviço,

---

[22] FRANCISCO. Discurso na Vigília do XXVIII Dia Mundial da Juventude no Rio de Janeiro (27 de julho de 2013): AAS 105 (2013), 663.

capazes de resistir às patologias do consumismo e do individualismo superficial.

Missionários corajosos

175. Apaixonados por Cristo, os jovens são chamados a dar testemunho do Evangelho em todas as partes, com a própria vida. Santo Alberto Hurtado dizia que "ser apóstolo não significa usar um distintivo na lapela da jaqueta; não significa falar da verdade, mas vivê-la, encarnar-se nela, transformar-se em Cristo. Ser apóstolo não é levar uma tocha na mão, possuir a luz, mas ser a luz [...]. O Evangelho [...] mais que uma lição, é um exemplo. A mensagem convertida em vida vivente".[23]

176. O valor do testemunho não significa que a palavra deve ser silenciada. Por que não falar de Jesus? Por que não dizer aos outros que ele nos dá forças para viver, que é bom conversar com ele, que nos faz bem meditar suas palavras? Jovens, não deixem que o mundo os arraste a compartilhar apenas coisas ruins ou superficiais. Tornai-vos capazes de ir contra a corrente e compartilhar Jesus, comunicando a fé que ele vos deu de presente. Oxalá possais sentir no coração o mesmo impulso irresistível que movia São Paulo, quando dizia: "Ai de mim, se eu não anuncio o Evangelho!" (1Cor 9,16)!

---

[23] *Vós sois a luz do mundo*. Discurso no Cerro San Cristóbal, Chile, 1940. Disponível em: https://www.padrealbertohurtado.cl/escritos-2/.

177. "Onde Jesus nos envia? Não há fronteiras, não há limites: envia a todos. O Evangelho não é para alguns, mas para todos. Não é apenas para aqueles que nos parecem mais próximos, mais receptivos, mais acolhedores. É para todos. Não tenham medo de ir e levar Cristo para qualquer ambiente, até às periferias existenciais, também para quem parece mais distante, mais indiferente. O Senhor busca a todos, quer que todos sintam o calor de sua misericórdia e seu amor".[24] E nos convida a ir sem medo com o anúncio missionário, onde quer que nos encontremos e com quem estejamos, no bairro, no estudo, nos esportes, nas saídas com amigos, no voluntariado ou no trabalho, é sempre bom e oportuno compartilhar a alegria do Evangelho. É assim que o Senhor se aproxima de todos. E a vós, jovens, quer como seus instrumentos para lançar luz e esperança, porque quer contar com a vossa coragem, frescor e entusiasmo.

178. Não se pode esperar que a missão seja fácil e cômoda. Alguns jovens deram suas vidas pelo fato de não frear seu impulso missionário. Os Bispos da Coreia expressaram: "Esperamos que possamos ser grãos de trigo e instrumentos para a salvação da humanidade, seguindo o exemplo dos mártires. Embora nossa fé seja tão pequena quanto uma semente de mostarda, Deus

---

[24] FRANCISCO. Homilia na Santa Missa do XXVIII Dia Mundial do Juventude no Rio de Janeiro (28 de julho de 2013): AAS 105 (2013), 665.

lhe dará crescimento e a utilizará como um instrumento para a sua obra de salvação".[25] Amigos, não esperem o amanhã para colaborar na transformação do mundo com sua energia, sua audácia e sua criatividade. Vossa vida não é um "enquanto isso". Sois o agora de Deus, que os quer fecundos.[26] Porque "é dando que se recebe",[27] e a melhor maneira de preparar um bom futuro é viver o presente com entrega e generosidade.

---

[25] Conferência Episcopal da Coreia. Carta pastoral por ocasião do 150º aniversário do martírio, durante a perseguição de Byeong-in (30 de março de 2016).

[26] FRANCISCO. Homilia na Santa Missa para o XXXIV Dia Mundial da Juventude no Panamá (27 de janeiro de 2019): *L'Osservatore Romano*, ed. semanal em espanhol (1º de fevereiro de 2019), p. 14-15.

[27] Oração "Senhor, faz de mim um instrumento da tua paz", atribuída a São Francisco de Assis.

Capítulo VI
JOVENS COM RAÍZES

179. Às vezes, tenho visto árvores jovens e bonitas que elevam seus ramos ao céu, buscando sempre mais, e parecem um canto de esperança. Mais adiante, depois de uma tempestade, encontrei-as caídas, sem vida. Porque tinham poucas raízes, tinham soltado seus ramos sem se enraizar bem na terra e, assim, sucumbiram diante dos embates da natureza. Por isso me dói ver que alguns proponham aos jovens construir um futuro sem raízes, como se o mundo começasse agora. Porque "é impossível que alguém cresça se não tem raízes fortes que ajudem a estar bem sustentado e agarrado à terra. É fácil 'voar' quando não há onde agarrar-se, onde segurar".[1]

Que não te arranquem da terra

180. Esta não é uma questão secundária, e me parece bom dedicar-lhe um breve capítulo. Compreender

---

[1] FRANCISCO. Discurso na Vigília com os jovens na XXXIV Jornada Mundial da Juventude no Panamá (26 de janeiro de 2019): *L'Osservatore Romano*, ed. semanal em espanhol (1º de fevereiro de 2019), p. 13.

isso permite distinguir a alegria da juventude de um falso culto à juventude que alguns usam para seduzir os jovens e usá-los para seus propósitos.

181. Pensem nisso: se uma pessoa lhes faz uma proposta e lhes diz para ignorar a história, que não recolham a experiência dos idosos, que desprezem todo o passado e só olhem o futuro que ele lhes oferece, não é uma maneira fácil de pegá-los com a sua proposta para que só façam o que ele lhes diz? Essa pessoa os quer vazios, desenraizados, desconfiados de tudo, de modo que só confiem em suas promessas e se submetam aos seus planos. Assim funcionam as ideologias de diferentes cores, que destroem (ou desconstroem) tudo o que é diferente e, dessa maneira, podem reinar sem oposições. Para isso, precisam de jovens que desprezem a história, que rejeitem a riqueza espiritual e humana que se foi transmitindo através das gerações, que ignorem tudo o que os precedeu.

182. Ao mesmo tempo, os manipuladores usam outro recurso: uma adoração da juventude, como se tudo o que não é jovem fosse detestável e caduco. O corpo jovem se torna o símbolo desse novo culto e, então, tudo o que tem a ver com esse corpo se idolatra e se deseja sem limites e o que não é jovem se olha com desprezo. Porém, é uma arma que, em primeiro lugar, termina degradando os jovens, esvaziando-os de valores reais, utilizando-os para obter benefícios pessoais, econômicos ou políticos.

183. Queridos jovens, não aceitem que usem sua juventude para fomentar uma vida superficial, que confunde beleza com aparência. Melhor, saibam descobrir que há beleza no trabalhador que volta para casa sujo e desarrumado, mas com a alegria por ter ganhado o pão de seus filhos. Há uma extraordinária beleza na comunhão da família junto à mesa e no pão compartilhado com generosidade, mesmo que a mesa seja muito pobre. Existe beleza na esposa despenteada e quase anciã, que permanece cuidando de seu esposo enfermo além de suas forças e da própria saúde. Embora tenha passado a primavera do namoro, há beleza na fidelidade dos casais que se amam no outono da vida, nesses velhinhos que andam de mãos dadas. Há formosura, além da aparência ou da estética da moda, em cada homem e em cada mulher que vive sua vocação pessoal com amor, no serviço desinteressado da comunidade, pela pátria, no trabalho generoso para a felicidade da família, envolvidos no trabalho árduo, anônimo e gratuito de restaurar a amizade social. Descobrir, mostrar e destacar essa beleza, que se parece à de Cristo na cruz, é lançar as bases da verdadeira solidariedade social e da cultura do encontro.

184. Junto às falsas estratégias do culto à juventude e à aparência, hoje se promove uma espiritualidade sem Deus, uma afetividade sem comunidade e sem compromisso com os que sofrem, um medo dos pobres, que são vistos como seres perigosos, e uma série de ofertas que pretendem lhes fazer acreditar em um futuro paradisíaco que sempre será adiado para mais tarde. Não quero lhes propor isso e, com todo o meu carinho, quero adverti-los de que não se deixem dominar por essa ideologia, que não os tornará mais jovens, mas que vai transformá-los em escravos. Proponho outro caminho, feito de liberdade, de entusiasmo, criatividade, novos horizontes, mas cultivando ao mesmo tempo essas raízes que alimentam e sustentam.

185. Nessa linha, quero enfatizar que "numerosos Padres Sinodais provenientes de contextos não ocidentais apontam que, em seus países, a globalização implica autênticas formas de colonização cultural, desarraigam os jovens das comunidades pertencentes às realidades culturais e religiosas das quais provêm. É necessário um compromisso da Igreja para acompanhá-los nesta passagem em que perdem os traços mais valiosos de sua identidade".[2]

186. Hoje, vemos uma tendência a "homogeneizar" os jovens, a dissolver diferenças próprias do seu lugar de origem, a transformá-los em seres manipuláveis feitos em série. Assim se produz uma destruição

---

[2] DF, 14.

cultural, que é tão grave quanto o desaparecimento de espécies animais e vegetais.[3] Por isso, em uma mensagem a jovens indígenas, reunidos no Panamá, exortei-os a "cuidar das raízes, porque das raízes vem a força que vai fazê-los crescer, florescer e frutificar".[4]

Tua relação com os idosos

187. No Sínodo, expressou-se que "os jovens estão projetados para o futuro e enfrentam a vida com energia e dinamismo. Contudo [...], às vezes, tendem a prestar pouca atenção à memória do passado de onde vêm, em particular aos numerosos dons que seus pais e avós lhes transmitiram, a bagagem cultural da sociedade em que viveram. Ajudar aos jovens a descobrir a riqueza viva do passado, fazendo memória e servindo-se dele para as próprias decisões e possibilidades, é um verdadeiro ato de amor para com eles, em vista do seu crescimento e das decisões que deverão tomar".[5]

188. A Palavra de Deus recomenda não perder o contato com os mais velhos, a fim de recolher sua experiência: "Permanece no meio dos anciãos e de coração

---

[3] FRANCISCO. Carta Encíclica *Laudato Si'*: sobre o cuidado da Casa Comum. São Paulo: Paulinas, 2015, 145.

[4] FRANCISCO. Mensagem em vídeo para o Encontro Mundial de Jovens Indígenas no Panamá (17 a 21 de janeiro de 2019): *L'Osservatore Romano*, ed. semanal em espanhol (25 de janeiro de 2019), p. 10.

[5] DF, 35.

adere à sua sabedoria; [...] Se vires alguém sensato, madruga junto dele, e teu pé gaste os degraus da sua porta" (Sr 6,34.36). Em todo caso, os longos anos que eles viveram e tudo o que passaram na vida, devem nos levar a olhá-los com respeito: "Diante de uma cabeça branca te levantarás" (Lv 19,32). "Orgulho dos jovens é o seu vigor, como os cabelos brancos são a honra dos anciãos" (Pr 20,29).

189. A Bíblia nos pede: "Escuta teu pai, que te gerou, e não desprezes tua mãe envelhecida" (Pr 23,22). O mandato de honrar o pai e a mãe "é o primeiro mandamento que vem acompanhado de uma promessa" (Ef 6,2; cf. Ex 20,12; Dt 5,16; Lv 19,3), e a promessa é: "A fim de que sejas feliz e tenhas longa vida sobre a terra" (Ef 6,3).

190. Isso não significa que tenhas que estar de acordo com tudo que eles dizem, ou que tenhas que aprovar todas as suas ações. Um jovem sempre deveria ter um espírito crítico. São Basílio Magno, referindo-se aos antigos autores gregos, recomendou aos jovens que os estimassem, mas que acolhessem apenas o bom que pudessem ensiná-los.[6] Trata-se, simplesmente, de estar abertos para recolher uma sabedoria que é comunicada de geração em geração, que pode coexistir com algumas

---

[6] SÃO BASÍLIO MAGNO. Carta aos jovens, I, 2: PG 31, 566.

misérias humanas, e que não tem porque desaparecer diante das novidades do consumo e do mercado.

191. Ao mundo nunca serviu nem servirá a ruptura entre gerações. São os cantos de sereia de um futuro sem raízes, sem base. É a mentira que faz acreditar que só o novo é bom e bonito. A existência de relações intergeracionais implica que nas comunidades se tenha uma memória coletiva, pois cada geração retoma os ensinamentos de seus antecessores, deixando, assim, um legado aos seus sucessores. Isso constitui marcos referenciais para cimentar solidamente uma sociedade nova. Como diz o ditado: "Se o jovem soubesse e o velho pudesse, não haveria coisa que não se fizesse".

Sonhos e visões

192. Na profecia de Joel, encontramos um anúncio que nos permite entender isso de uma maneira muito bela. Diz assim: "Derramarei meu Espírito sobre toda a carne. Vossos filhos e vossas filhas profetizarão; vossos anciãos terão sonhos, vossos jovens terão visões" (Jl 3,1, cf. At 2,17). Se os jovens e os anciãos se abrem ao Espírito Santo, ambos produzem uma combinação maravilhosa. Os anciãos sonham e os jovens têm visões. Como se complementam estas duas coisas?

193. Os anciãos têm sonhos construídos com memórias, com imagens de tantas coisas vividas, com a marca da experiência e dos anos. Se o os jovens se enraízam nesses sonhos dos anciãos, logram ver o futuro, podem ter visões que lhes abrem o horizonte e mostram novos caminhos. Porém, se os anciãos não sonham, os jovens já não podem ver claramente o horizonte.

194. É lindo encontrar, entre o que os nossos pais conservaram, alguma recordação que nos permite imaginar o que sonharam para nós nossos avôs e nossas avós. Todo ser humano, ainda antes de nascer, recebeu da parte de seus avós como um presente a bênção de um sonho cheio de amor e esperança, de uma vida melhor para ele. E se não o teve de nenhum de seus avós, certamente algum bisavô, sim, o sonhou e se alegrou por ele, contemplando seus filhos no berço e, em seguida, os seus netos. O sonho primeiro, o sonho criador de nosso Pai, precede e acompanha a vida de todos os seus filhos. Fazer memória desta bênção, que se estende de geração em geração, é uma herança preciosa que há que saber conservar viva, para nós também podermos transmiti-la.

195. Por isso, é bom deixar que os anciãos façam longas narrações, que às vezes parecem mitológicas, fantasiosas – são sonhos de velhos –, porém, muitas vezes, estão cheios de rica experiência, de símbolos eloquentes, de mensagens ocultas. Essas narrações exigem tempo, que nos disponhamos, gratuitamente, a escutar e a interpretar com paciência, porque não entram em uma mensagem das redes sociais. Temos que aceitar que toda sabedoria que precisamos para a vida não pode se encerrar nos limites impostos pelos recursos atuais de comunicação.

196. No livro *A sabedoria das idades*,[7] expressei alguns desejos em forma de pedidos. "Que peço aos anciãos, entre os quais me incluo? Peço que sejamos guardiões da memória. Avós e avôs, precisamos formar um coro. Imagino os anciãos como o coro permanente de um importante santuário espiritual, em que as orações de súplica e os cantos de louvor sustentam a comunidade inteira que trabalha e luta no campo da vida."[8] É lindo que "moços e moças, anciãos e crianças, louvem o nome do Senhor" (Sl 148,12-13).

197. Que podemos dar-lhes, nós, os anciãos? "Aos jovens de hoje em dia que vivem sua própria mistura de ambições heroicas e de inseguranças, podemos lembrá-los de que uma vida sem amor é uma vida infecunda."[9] Que podemos dizer-lhes? "Aos jovens temerosos, podemos dizer-lhes que a ansiedade diante do futuro pode ser vencida."[10] Que podemos ensinar-lhes? "Aos jovens preocupados demais consigo mesmos, podemos ensinar-lhes que se experimenta maior alegria em dar do

---

[7] FRANCISCO e amigos. *A sabedoria das idades*. São Paulo: Loyola, 2018.
[8] Ibidem, 12.
[9] Ibidem, 13.
[10] Idem.

que em receber, e que o amor não se demonstra apenas por palavras, mas também com obras."[11]

Arriscar juntos

198. O amor que se dá e que age, tantas vezes se equivoca. Aquele que atua, o que arrisca, talvez cometa erros. Aqui, neste momento, pode ser interessante trazer o testemunho de María Gabriela Perin, órfã de pai desde recém-nascida, que reflete como isso influenciou sua vida em uma relação que não durou, mas que a fez mãe e agora avó: "O que eu sei é que Deus cria histórias. Em sua genialidade e misericórdia, ele leva nossos sucessos e fracassos e tece belas tapeçarias que estão cheias de ironia. O reverso do tecido pode parecer desordenado com seus fios emaranhados – os acontecimentos de nossa vida –, e talvez seja esse lado com o qual ficamos obcecados quando temos dúvidas. Sem dúvida, o lado bom da tapeçaria mostra uma história magnífica, e esse é o lado que Deus vê".[12] Quando as pessoas mais velhas olham atentamente a vida, geralmente sabem, de modo instintivo, o que está por trás dos fios emaranhados e reconhecem o que Deus faz criativamente, mesmo com nossos erros.

---

[11] Idem.
[12] Ibidem, 162-163.

199. Se caminharmos juntos, jovens e anciãos, poderemos estar bem enraizados no presente e, a partir daqui, frequentar o passado e o futuro: frequentar o passado para aprender com a história e curar as feridas que, às vezes, nos condicionam; frequentar o futuro, para alimentar o entusiasmo, fazer germinar sonhos, suscitar profecias, fazer florescer esperanças. Desse modo, unidos, poderemos aprender uns com os outros, acalentar corações, inspirar nossas mentes com a luz do Evangelho e dar nova força à nossas mãos.

200. As raízes não são âncoras que nos atam a outras épocas e nos impedem de encarnarmos no mundo atual para fazer algo novo. São, ao contrário, um ponto de apoio que nos permite desenvolver e responder aos novos desafios. Serve, tampouco, "que nos sentemos a remoer tempos passados; temos que assumir com realismo e amor nossa cultura e enchê-la com o Evangelho. Somos enviados hoje para anunciar a Boa Notícia de Jesus aos novos tempos. Haveremos de amar nossa hora com suas possibilidades e riscos, com suas alegrias e dores, com suas riquezas e seus limites, com seus acertos e seus erros".[13]

201. No Sínodo, um dos jovens auditores, proveniente das Ilhas Samoa, disse que a Igreja é uma

---

[13] PIRONIO, Eduardo. *Mensagem aos jovens argentinos no Encontro Nacional da Juventude em Córdoba* (12-15 de setembro de 1985), 2.

canoa, na qual os mais velhos ajudam manter a direção interpretando a posição das estrelas, e os jovens remam com força imaginando o que os espera mais além. Não nos deixemos levar nem pelos jovens que pensam que os adultos são um passado que já não conta, que já caducou, nem pelos adultos que acreditam saber sempre como devem se comportar os jovens. Melhor, subamos todos na mesma canoa e juntos busquemos um mundo melhor, sob o impulso sempre novo do Espírito Santo.

Capítulo VII
A PASTORAL DOS JOVENS

202. A Pastoral Juvenil, tal como estávamos acostumados a levá-la adiante, sofreu o embate das mudanças sociais e culturais. Os jovens, nas estruturas atuais, muitas vezes não encontram respostas para suas inquietações, necessidades, problemáticas e feridas. A proliferação e o crescimento de associações e movimentos com características predominantemente juvenis podem ser interpretados como uma ação do Espírito que abre caminhos novos. Torna-se necessário, no entanto, aprofundar a participação desses na pastoral de conjunto da Igreja, bem como em uma maior comunhão entre eles, em uma melhor coordenação da ação. Embora nem sempre seja fácil aproximar-se dos jovens, há um crescimento da nossa parte em dois aspectos: a consciência de que é toda a comunidade que os evangeliza e a urgência de que eles tenham um protagonismo maior nas propostas pastorais.

Uma pastoral sinodal

203. Quero enfatizar que os próprios jovens são agentes da Pastoral Juvenil, acompanhados e orientados, porém livres para encontrar novos caminhos com criatividade e audácia. Portanto, seria inútil ficar aqui propondo algum tipo de manual de Pastoral Juvenil ou um guia prático pastoral. Trata-se mais de colocar em jogo a astúcia, a engenhosidade e o conhecimento que os próprios jovens têm da sensibilidade, da linguagem e dos problemas dos outros jovens.

204. Eles nos fazem ver a necessidade de assumir novos estilos e novas estratégias. Por exemplo, enquanto os adultos geralmente se preocupam em ter tudo planejado, com reuniões regulares e horários fixos, hoje, a maioria dos jovens dificilmente se sente atraída por esses esquemas pastorais. A Pastoral Juvenil precisa adquirir outra flexibilidade e chamar jovens a eventos que, de vez em quando, lhes ofereça um lugar onde não só recebam formação, mas que também lhes permitam compartilhar a vida, celebrar, cantar, ouvir testemunhos reais e experimentar o encontro comunitário com o Deus vivo.

205. Por outro lado, seria muito desejável reunir ainda mais as boas práticas: as metodologias, as linguagens, as motivações que têm sido realmente atraentes para aproximar os jovens de Cristo e da Igreja. Não importa de que cor sejam, se são "conservadores ou progressistas", se são de "direita ou esquerda"; o importante é que recolhamos tudo o que deu bons resultados e seja eficaz para comunicar a alegria do Evangelho.

206. A Pastoral Juvenil só pode ser sinodal, isto é, formar um "caminhar juntos", o que implica "valorização dos carismas que o Espírito concede de acordo com a vocação e o papel de cada um dos membros [da Igreja], através de um dinamismo de corresponsabilidade [...]. Animados por esse espírito, podemos nos encaminhar para uma Igreja participativa e corresponsável, capaz de valorizar a riqueza da variedade que a compõe, que acolha com gratidão a contribuição dos fiéis leigos, incluindo jovens e mulheres, a contribuição da vida consagrada masculina e feminina, dos grupos, das associações e dos movimentos. Ninguém deve ser colocado ou colocar-se de lado".[1]

207. Dessa forma, aprendendo uns com os outros, poderemos ser reflexo melhor desse poliedro maravilhoso que deve ser a Igreja de Jesus Cristo. Ela pode atrair os jovens precisamente porque não é uma unidade monolítica, mas uma rede de dons variados que o Espírito derrama incessantemente nela, tornando-a sempre nova apesar de suas misérias.

208. No Sínodo, apareceram muitas propostas concretas orientadas a renovar a Pastoral Juvenil e a libertá-la de esquemas que já não são eficazes porque não dialogam com a cultura atual dos jovens. Compreende-se que eu não poderia reunir aqui todas, e

---

[1] DF, 123.

algumas delas podem ser encontradas no Documento Final do Sínodo.

Grandes linhas de ação

209. Gostaria apenas de destacar brevemente que a Pastoral Juvenil envolve duas grandes linhas de ação. Uma é a *busca*, a convocação, o chamado que atrai novos jovens para a experiência do Senhor. A outra é o *crescimento*, o desenvolvimento de um caminho de amadurecimento dos que já viveram essa experiência.

210. Com relação à primeira, a busca, confio na capacidade dos próprios jovens, que sabem encontrar os caminhos atraentes para convocar. Sabem organizar festivais, competições esportivas e, inclusive, nas redes sociais, com mensagens, canções, vídeos e outras iniciativas. Apenas é preciso estimular os jovens e dar-lhes liberdade para que se entusiasmem com a missão nos ambientes juvenis. O primeiro anúncio pode despertar uma profunda experiência de fé em meio a um "retiro de impacto", em uma conversa de bar, em um intervalo da faculdade, ou por qualquer um dos insondáveis caminhos de Deus; porém, o mais importante é que cada jovem se atreva a semear o primeiro anúncio nessa terra fértil que é o coração de outro jovem.

211. Nessa busca, devemos privilegiar a linguagem da proximidade, a linguagem do amor desinteressado, relacional e existencial que toca o coração, a vida, desperta esperança e desejos. É necessário aproximar-se dos jovens com a gramática do amor, não com proselitismo. A linguagem que o jovem entende é a daqueles que dão a vida, de quem está ali por eles e para eles, e daqueles que, apesar de suas limitações e fraquezas, tratam de viver sua fé com coerência. Ao mesmo tempo, ainda temos que buscar com maior sensibilidade como encarnar o *kerygma* na linguagem que falam os jovens de hoje.

212. No que diz respeito ao crescimento, quero fazer uma importante advertência. Em alguns lugares ocorre que, depois de ter provocado nos jovens uma intensa experiência com Deus, um encontro com Jesus que tocou seus corações, somente lhes oferecem encontros de "formação", em que são abordadas apenas questões doutrinais e morais: sobre os males do mundo atual, sobre a Igreja, sobre a Doutrina Social, sobre castidade, sobre casamento, sobre controle de natalidade e sobre outros temas. O resultado é que muitos jovens ficam aborrecidos, perdem o fogo do encontro com Cristo e a alegria de segui-lo, muitos abandonam a caminhada e outros se tornam tristes e negativos. Acalmemos a obsessão por transmitir um acúmulo de conteúdos doutrinais e, acima de tudo, tratemos de suscitar e enraizar as grandes experiências que sustentam a vida cristã. Como dizia Romano Guardini: "Na experiência de um grande amor [...] tudo o que acontece se torna um acontecimento dentro de seu âmbito".[2]

213. Qualquer projeto formativo, qualquer caminho de crescimento para os jovens, deve incluir certamente uma formação doutrinal e moral. É igualmente importante que esteja centrado em dois grandes eixos: um é o aprofundamento do *kerygma*, a experiência fundante do encontro com Deus através de Cristo morto e ressuscitado. O outro é o crescimento no amor fraterno, na vida comunitária, no serviço.

214. Insisti muito nisso na Exortação *Evangelii Gaudium* e creio que é oportuno recordar. Por um lado, seria um grave erro pensar que, na Pastoral Juvenil, "o querigma é deixado de lado em favor de uma formação supostamente mais 'sólida'. Nada há de mais sólido, mais profundo, mais seguro, mais consistente e mais sábio que esse anúncio. Toda formação cristã é, primariamente, o aprofundamento do querigma que se vai fazendo carne cada vez mais e melhor".[3] Portanto, a Pastoral Juvenil deve sempre incluir momentos que ajudem a renovar e aprofundar a experiência pessoal do amor de Deus e de Jesus Cristo vivo. Assim o fará com diversos recursos: testemunhos, canções, momentos de

---

[2] GUARDINI, Romano. *A essência do cristianismo*. Madri: Cristiandad, 2002, 17.

[3] FRANCISCO. Exortação Apostólica *Evangelii Gaudium*: a Alegria do Evangelho. São Paulo: Paulinas, 2013, 165.

adoração, espaços de reflexão espiritual com a Sagrada Escritura e, inclusive, com vários estímulos através das redes sociais. Porém, jamais deve substituir-se esta alegre experiência de encontro com o Senhor por uma espécie de "doutrinação".

215. Por outro lado, qualquer plano da Pastoral Juvenil deve incorporar claramente meios e recursos variados para ajudar os jovens a crescer na fraternidade e viver como irmãos, a ajudar uns aos outros, a criar comunidade, a servir os outros e estar próximo dos pobres. Se o amor fraterno é o "novo mandamento" (Jo 13,34), se é "a plenitude da Lei" (Rm 13,10), se é o que melhor manifesta nosso amor a Deus, então deve ocupar um lugar relevante em qualquer plano de formação e crescimento dos jovens.

Ambientes adequados

216. Em todas as nossas instituições precisamos desenvolver e potencializar muito mais nossa capacidade de acolhida cordial, porque muitos jovens que chegam estão em uma profunda situação de orfandade. E não me refiro a certos conflitos familiares, mas a uma experiência que atinge igualmente as crianças, os jovens e os adultos, as mães, os pais e os filhos. Para tantos órfãos e órfãs, nossos contemporâneos – talvez para nós mesmos –, as comunidades como a paróquia e a escola deveriam oferecer caminhos de amor gratuito e promoção de formação e crescimento. Muitos jovens se sentem hoje filhos do fracasso, porque os sonhos de seus pais e avós foram queimados na fogueira da injustiça, da violência social, do salve-se quem puder. Quanto desenraizamento! Se os jovens cresceram em um mundo de cinzas, não é fácil que possam sustentar o fogo de grandes ilusões e projetos. Se cresceram em um deserto vazio de sentido, como poderão ter vontade de semear? A experiência de descontinuidade, de desenraizamento e a queda das certezas básicas, fomentadas na cultura midiática de hoje, provocam essa sensação de profunda orfandade, à qual devemos responder criando espaços fraternos e atraentes onde se viva com sentido.

217. Criar "um lar", em suma, "é criar uma família; é aprender a se sentirem unidos aos outros, além dos vínculos utilitários ou funcionais; unidos de tal maneira que sintamos a vida um pouco mais humana. Criar lares, 'casas de comunhão', é permitir que a profecia tome forma e torne nossas horas e nossos dias menos inóspitos, menos indiferentes e anônimos. É tecer laços que se constroem com gestos simples, cotidianos, e que todos nós podemos realizar. Um lar, todos o sabemos muito bem, precisa da cooperação de todos. Ninguém pode ser indiferente ou alheio, já que cada um é pedra necessária em sua construção. E isso implica pedir ao

Senhor que nos dê a graça de aprender a termos paciência, a perdoarmos a nós mesmos; aprender a recomeçar todos os dias. E quantas vezes perdoar ou começar de novo? Setenta vezes sete, todas as vezes que for necessário. Criar laços fortes exige a confiança que se alimenta todos os dias de paciência e perdão. E assim se produz o milagre de experimentar que aqui se nasce de novo, aqui todos nascemos de novo, porque sentimos eficaz a carícia de Deus que nos permite sonhar o mundo mais humano e, portanto, mais divino".[4]

218. Nesse contexto, em nossas instituições, precisamos oferecer aos jovens lugares apropriados que possam organizar a seu gosto e entrar e sair livremente; lugares que os acolham e onde possam se aproximar, espontânea e confiantemente, ao encontro de outros jovens, tanto em momentos de sofrimento e de tristeza como quando desejam celebrar suas alegrias. Algo nesse sentido conseguiram alguns Oratórios e outros centros de juventude, que, em muitos casos, são o ambiente de amizades e namoros, de reencontros, onde compartilham a música, a recreação, o esporte, e também a reflexão e a oração, com pequenos subsídios e diversas propostas. Dessa maneira, abre-se passagem para esse indispensável anúncio pessoa a pessoa, que

---

[4] FRANCISCO. Discurso na visita ao Lar do Bom Samaritano no Panamá (27 de janeiro de 2019): *L'Osservatore Romano*, ed. semanal em espanhol (1º de fevereiro de 2019), p. 16.

não pode ser substituído por nenhum recurso nem estratégia pastoral.

219. "A amizade e os relacionamentos, muitas vezes, também em grupos mais ou menos estruturados, oferecem a oportunidade de fortalecer as competências sociais e relacionais em um contexto em que não se avalia e se julga a pessoa. A experiência de grupo constitui, por sua vez, um recurso para compartilhar a fé e ajudar-se mutuamente no testemunho. Os jovens são capazes de guiar outros jovens a viver um verdadeiro apostolado entre seus amigos".[5]

220. Isso não significa que se isolem e percam todo contato com as comunidades de paróquias, movimentos e outras instituições eclesiais. Mas eles se integrarão melhor em comunidades abertas, vivas na fé, desejosas de irradiar Jesus Cristo, alegres, livres, fraternas e comprometidas. Essas comunidades podem ser os canais onde eles sentem que é possível cultivar relações preciosas.

A pastoral das instituições educativas

221. A escola é, sem dúvida, uma plataforma para aproximar-se das crianças e dos jovens. É um lugar privilegiado para a promoção da pessoa, e, por isso, a

---
[5] DF, 36.

comunidade cristã tem-lhe dedicado grande atenção, seja formando docentes e dirigentes, seja também instituindo escolas próprias, de todo tipo e grau. Nesse campo, o Espírito suscitou inúmeros carismas e testemunhos de santidade. No entanto, a escola necessita de uma urgente autocrítica, considerando os resultados da pastoral de muitas instituições educativas, uma pastoral concentrada na instrução religiosa que é, muitas vezes, incapaz de provocar experiências duradouras de fé. Além disso, há alguns colégios católicos que parecem estar organizados apenas para a preservação. O medo da mudança faz com que não possam tolerar a incerteza e recuem diante dos perigos, reais ou imaginários, que toda mudança traz consigo. A escola convertida em um *bunker* que protege dos erros "de fora" é a expressão caricaturada dessa tendência. Essa imagem reflete um modo chocante do que muitíssimos jovens experimentam ao se formar em alguns estabelecimentos educacionais: uma grande inadequação entre o que lhes ensinaram e o mundo em que vivem. As propostas religiosas e morais que receberam não os prepararam para confrontá-las com um mundo que os ridiculariza, e não aprenderam maneiras de rezar e viver a fé que possam ser facilmente sustentadas em meio ao ritmo desta sociedade. Na verdade, uma das maiores alegrias de um educador acontece quando vê um aluno tornar-se pessoa forte, integrada, protagonista e capaz de doar.

222. A escola católica continua a ser essencial como espaço de evangelização dos jovens. É importante levar em conta alguns critérios inspiradores assinalados na *Veritatis Gaudium*, em vista de renovação e de relançamento de escolas e universidades "em saída", missionária, tais como: a experiência do *kerygma*, o diálogo em todos os níveis, a interdisciplinaridade e transdisciplinaridade, o fomento da cultura do encontro, a necessidade urgente de "criar redes" e a opção pelos últimos, por aqueles que a sociedade descarta e exclui.[6] Também a capacidade de integrar os saberes da cabeça, do coração e das mãos.

223. Por outro lado, não podemos separar a formação espiritual da formação cultural. A Igreja sempre quis desenvolver para os jovens espaços para a melhor cultura. Não se deve desistir de fazê-lo, porque os jovens têm direito a isso. E "hoje em dia, acima de tudo, o direito à cultura significa proteger a sabedoria, isto é, um saber humano e que humaniza. Com frequência somos condicionados por modelos de vida triviais e efêmeros que forçam a buscar o êxito a baixo custo, desacreditando o sacrifício, inculcando a ideia de que o estudo não é necessário se não dá imediatamente algo concreto. Não, o estudo serve para fazer perguntas, não

---

[6] FRANCISCO. Constituição Apostólica *Veritatis Gaudium*: sobre as Universidades e as Faculdades Eclesiásticas. São Paulo: Paulinas, 2018, 4.

ser anestesiado pela banalidade, para buscar sentido na vida. Deve-se reivindicar o direito a que não prevaleçam as muitas sereias que hoje distraem dessa busca. Ulysses, para não ceder ao canto das sereias, que seduziam os marinheiros e os faziam espatifar-se contra as rochas, se amarrou ao mastro do navio e cobriu os ouvidos de seus companheiros de viagem. Por outro lado, Orfeu, para contrastar a música das sereias, fez outra coisa: ele entoou uma melodia mais bonita, que encantou as sereias. Esta é a sua grande tarefa: responder aos refrãos paralisantes do consumismo cultural com opções dinâmicas e fortes, com pesquisa, conhecimento e partilha".[7]

Diferentes âmbitos para desenvolvimentos pastorais

224. Muitos jovens são capazes de aprender a gostar do silêncio e da intimidade com Deus. Os grupos que se reúnem para adorar o Santíssimo e rezar com a Palavra de Deus também cresceram. Não há que subestimar os jovens como se fossem incapazes de se abrir para propostas contemplativas. Só é preciso encontrar os estilos e as modalidades apropriadas para ajudá-los a se iniciarem nessa experiência de tão alto valor. A respeito dos âmbitos de culto e oração, "em

---

[7] FRANCISCO. Discurso no encontro com os alunos e o mundo acadêmico na Praça San Domenico em Bolonha (1º de outubro de 2017): AAS 109 (2017), 1115.

diversos contextos, os jovens católicos pedem propostas de oração e momentos sacramentais que incluam a sua vida cotidiana em uma liturgia nova, autêntica e alegre".[8] É importante aproveitar os momentos mais fortes do ano litúrgico, particularmente a Semana Santa, o Pentecostes e o Natal. Eles também se aproveitam de outros encontros festivos, que quebram a rotina e que ajudam a experimentar a alegria da fé.

225. Uma oportunidade única para o crescimento e também de abertura ao dom divino da fé e da caridade é o serviço: muitos jovens se sentem atraídos pela possibilidade de ajudar os outros, especialmente as crianças e os pobres. Muitas vezes, esse serviço é o primeiro passo para descobrir ou redescobrir a vida cristã e eclesial. Muitos jovens se cansam de nossos itinerários de formação doutrinal, e até mesmo espiritual, e, às vezes, reivindicam a possibilidade de ser protagonistas em atividades que façam algo pelo povo.

226. Não podemos esquecer as expressões artísticas, como o teatro, a pintura etc. "Muito peculiar é a importância da música, que representa um verdadeiro ambiente no qual os jovens estão constantemente imersos, assim como uma cultura e uma linguagem capazes de suscitar emoções e de plasmar a identidade. A linguagem musical representa também um recurso

---

[8] DF, 51.

pastoral, que desafia particularmente a liturgia e sua renovação."⁹ O canto pode ser um grande estímulo para a caminhada dos jovens. Santo Agostinho dizia: "Canta, mas caminha; alivia com cantar o teu trabalho, não ames a preguiça: canta e caminha [...]. Tu, se avanças, caminhas; porém, avança no bem, na reta fé, nas boas obras: canta e caminha".¹⁰

227. "É igualmente significativa a relevância que tem entre os jovens a prática esportiva, cujas potencialidades, em matéria educacional e formativa, a Igreja não deve subestimar, mas manter uma presença sólida neste campo. O mundo dos esportes precisa ser ajudado a superar as ambiguidades que o atingiram, como a mitificação de campeões, a submissão à lógica comercial e à ideologia do sucesso a todo custo".¹¹ Na base da experiência esportiva está a "alegria: a alegria de movimentar-se, a alegria de estar juntos, a alegria pela vida e pelos dons que o Criador nos dá a cada dia".¹² Por outro lado, alguns Padres da Igreja aproveitaram o exemplo das práticas esportivas para convidar os jovens a crescer na fortaleza e a dominar a sonolência ou o comodismo. São Basílio Magno, dirigindo-se aos jovens,

---

⁹ Ibidem, 47.

¹⁰ SANTO AGOSTINHO. Sermão 256, 3: PL 38, 1193.

¹¹ DF, 47.

¹² Discurso para uma delegação da "Special Olympics International" (16 de fevereiro de 2017): *L'Osservatore Romano* (17 de fevereiro de 2017), p. 8.

apoiava-se no exemplo do esforço exigido pelo esporte e, assim, inculcava a capacidade de sacrificar-se para crescer nas virtudes: "Depois de se ter exigido muitos sacrifícios para aumentar sua força física de todos os meios, suando durante cansativos exercícios de ginástica, [...] e, sendo breve, depois de terem agido de modo que todo o período que precede a grande competição seja apenas uma preparação, [...] exaurem todas as suas forças físicas e psíquicas a fim de ganhar uma coroa [...]. E nós, que esperamos, na outra vida, prêmios ainda mais extraordinários, que nenhuma língua pode dignamente descrever, pensamos, às vezes, poder alcançá-los tendo uma vida entre a moleza e a inércia?".[13]

228. Em muitos adolescentes e jovens desperta atração especial o contato com a criação, e são sensíveis ao cuidado do meio ambiente, como ocorre com os escoteiros e com outros grupos que organizam jornadas de contato com a natureza, acampamentos, caminhadas, expedições e campanhas ambientais. No espírito de São Francisco de Assis, são experiências que podem significar um caminho para se iniciar na escola da fraternidade universal e na oração contemplativa.

229. Estas e outras diversas possibilidades que se abrem à evangelização dos jovens não devem nos fazer esquecer de que, além das mudanças da história e da

---

[13] SÃO BASÍLIO MAGNO. Carta aos jovens, VIII, 11-12: PG 31, 580.

sensibilidade dos jovens, há presentes de Deus que são sempre atuais, que contêm uma força que transcende todas as épocas e todas as circunstâncias: a Palavra do Senhor sempre viva e eficaz, a presença de Cristo na Eucaristia que nos alimenta e o sacramento do Perdão que nos liberta e fortalece. Também podemos mencionar a inesgotável riqueza espiritual que conserva a Igreja no testemunho de seus santos e no ensino dos grandes mestres espirituais. Embora tenhamos que respeitar diferentes etapas e, às vezes, esperar com paciência o momento justo, não podemos deixar de convidar os jovens a estas fontes de vida nova, não temos o direito de privá-los de tanto bem.

Uma pastoral juvenil popular

230. Além da pastoral habitual realizada pelas paróquias e pelos movimentos, de acordo com determinados esquemas, é muito importante dar lugar a uma "Pastoral Juvenil Popular", que tem outro estilo, outros tempos, outro ritmo, outra metodologia. Consiste em uma pastoral mais ampla e mais flexível, que estimule, nos distintos lugares onde concretamente circulam os jovens reais, essas lideranças naturais e esses carismas que o Espírito Santo já semeou entre eles. Trata-se, antes de tudo, de não colocar tantos obstáculos, normas, controles e estruturas obrigatórias a esses jovens fiéis, que são líderes naturais nos bairros e em diferentes ambientes. Somente há que acompanhá-los e encorajá-los, confiando um pouco mais na genialidade do Espírito Santo, que age como quer.

231. Estamos falando de líderes realmente "populares", não elitistas ou fechados em pequenos grupos seletos. Para que sejam capazes de gerar uma pastoral popular no mundo dos jovens, é preciso que "aprendam a escutar o sentimento do povo, para se tornarem seus porta-vozes e trabalharem por sua promoção".[14] Quando falamos de "povo", não se deve entender as estruturas da sociedade ou da Igreja, mas o conjunto de pessoas que não caminham como indivíduos, mas como rede de uma comunidade de todos e para todos, que não pode deixar que os pobres e os mais fracos fiquem para trás: "O povo deseja que todos participem dos bens comuns e, por isso, aceita adaptar-se ao passo dos últimos para chegar todos juntos".[15] Os líderes populares, então, são aqueles que têm a capacidade de incorporar todos, incluindo na marcha juvenil, os mais pobres, fracos, limitados e feridos. Não têm nojo nem medo dos jovens feridos e crucificados.

232. Nessa linha, especialmente com jovens que não cresceram em famílias ou instituições cristãs,

---

[14] CONFERÊNCIA EPISCOPAL DA ARGENTINA. *Declaração de San Miguel*, Buenos Aires, 1969, X, 1.

[15] TELLO, Rafael. *La nueva evangelización*. Buenos Aires, 2013, v. II (Anexos I e II), p. 111.

e estão em um caminho de amadurecimento lento, temos que estimular o "bem possível".[16] Cristo nos advertiu de que não devemos pretender que tudo seja apenas trigo (Mt 13,24-30). Às vezes, por pretender uma Pastoral Juvenil asséptica, pura e marcada por ideias abstratas, longe do mundo e preservada de toda mancha, transformamos o Evangelho em uma oferta insípida, incompreensível e distante, separada das culturas juvenis e apta apenas para uma elite cristã jovem que se sente diferente, mas que na realidade flutua em um isolamento sem vida nem fecundidade. Assim, com as ervas daninhas que rejeitamos, arrancamos ou sufocamos milhares de brotos que tentam crescer em meio dos limites.

233. Em vez de "sufocá-los com um conjunto de regras que dão uma imagem estreita e moralista do Cristianismo, somos chamados para intervir em sua audácia e a educá-los a assumir as suas responsabilidades, com a certeza de que mesmo o erro, o fracasso e as crises são experiências que podem fortalecer a sua humanidade".[17]

234. No Sínodo, exortou-se a construir uma Pastoral Juvenil capaz de criar espaços inclusivos, onde haja

---

[16] FRANCISCO. Exortação Apostólica *Evangelii Gaudium*: a Alegria do Evangelho. São Paulo: Paulinas, 2013, 44-45.
[17] DF, 70.

lugar para todos os tipos de jovens e onde realmente se manifeste que somos uma Igreja de portas abertas. Não é necessário que alguém assuma completamente todos os ensinamentos da Igreja para que possa participar de algum dos nossos espaços para jovens. Basta uma atitude aberta para todos que têm o desejo e a disposição de se deixar encontrar pela verdade revelada por Deus. Algumas propostas pastorais podem supor um caminho já percorrido na fé, mas precisamos de uma pastoral juvenil popular que abra portas e ofereça espaço para todos e para cada um com suas dúvidas, seus traumas, seus problemas e sua busca de identidade, seus erros, sua história, suas experiências do pecado e todas as suas dificuldades.

235. Também deve haver espaço para "todos aqueles que têm outras visões da vida, professam outros credos ou se declaram alheios ao horizonte religioso. Todos os jovens, sem exclusão, estão no coração de Deus e, portanto, no coração da Igreja. Nós francamente reconhecemos que nem sempre esta afirmação que ressoa em nossos lábios encontrou uma expressão real em nossa ação pastoral: muitas vezes ficamos fechados em nossos ambientes, onde sua voz não alcança, ou nos dedicamos a atividades menos exigentes e mais gratificantes, sufocando essa saudável inquietação pastoral que nos faz sair de nossas supostas seguranças. No entanto, o que o Evangelho nos pede é que sejamos ousados, e queremos sê-lo, sem presunção e sem proselitismo, dando testemunho do amor do Senhor e estendendo a mão a todos os jovens do mundo".[18]

236. A Pastoral Juvenil, quando deixa de ser elitista e aceita ser "popular", é um processo lento, respeitoso, paciente, esperançoso, incansável, compassivo. No Sínodo, propôs-se o exemplo dos discípulos de Emaús (Lc 24,13-35), que também pode ser um modelo do que acontece na Pastoral Juvenil.

237. "Jesus caminha com os dois discípulos que não entenderam o significado do que aconteceu e estão se afastando de Jerusalém e da comunidade. Para estar em sua companhia, percorre o caminho com eles. Interroga-os e dispõe-se a escutar sua versão dos fatos, a fim de ajudá-los a *reconhecer* o que estão vivendo. Depois, com carinho e energia, lhes anuncia a Palavra, guiando-os a *interpretar*, à luz das Escrituras, os acontecimentos que viveram. Aceita o convite para ficar com eles ao entardecer: entra na noite deles. Na escuta, seu coração é confortado e sua mente se ilumina; ao partir o pão, abrem-se seus olhos. Eles mesmos *decidem* empreender sem demora o caminho na direção oposta, para retornar à comunidade e compartilhar a experiência do encontro com Jesus Ressuscitado".[19]

---

[18] Ibidem, 117.

[19] Ibidem, 4.

238. As diversas manifestações da piedade popular, especialmente peregrinações, atraem os jovens que geralmente não se inserem facilmente nas estruturas eclesiais e são uma expressão concreta da confiança em Deus. Essas formas de busca de Deus, particularmente presentes entre os mais pobres, mas também nos demais setores da sociedade, não devem ser desprezadas, mas encorajadas e estimuladas. Porque a piedade popular "é uma maneira legítima de viver a fé"[20] e é "expressão da atividade missionária espontânea do povo de Deus".[21]

Sempre missionários

239. Quero lembrar que não é preciso percorrer um longo caminho para que os jovens sejam missionários. Mesmo os mais frágeis, limitados e feridos, podem sê-lo à sua maneira, porque sempre há que permitir que o bem se comunique, mesmo que conviva com muitas fragilidades. Um jovem que vai a uma peregrinação para pedir ajuda à Mãe Maria, e convida um amigo ou companheiro para acompanhá-lo, com esse simples gesto está realizando uma valiosa ação missionária. Junto à Pastoral Juvenil Popular existe, inseparavelmente, uma missão popular, incontrolável, que rompe

---

[20] FRANCISCO. Exortação Apostólica *Evangelii Gaudium*: a Alegria do Evangelho. São Paulo: Paulinas, 2013, 122.

[21] Ibidem, 124.

todos os esquemas eclesiásticos. Vamos acompanhá-la, encorajá-la, porém não pretendamos regulá-la demais.

240. Se sabemos escutar o que nos diz o Espírito, não podemos ignorar que a Pastoral Juvenil deve sempre ser uma pastoral missionária. Os jovens se enriquecem muito quando superam a timidez e se atrevem a visitar casas e, dessa forma, têm contato com a vida do povo, aprendem a olhar além de sua família e seu grupo, começam a entender a vida de forma mais ampla. Ao mesmo tempo, sua fé e seu sentido de pertença à Igreja se fortalecem. As missões juvenis, que geralmente se organizam durante as férias, após um período de preparação, podem causar uma renovação da experiência da fé e até propostas vocacionais sérias.

241. Mas os jovens são capazes de criar novas formas de missão, nos mais diversos campos. Por exemplo, uma vez que eles se movem tão bem em redes sociais, é preciso envolvê-los para que as encham de Deus, de fraternidade, de compromisso.

O acompanhamento de adultos

242. Os jovens precisam ser respeitados na sua liberdade, mas também precisam ser acompanhados. A família deveria ser o primeiro espaço de acompanhamento. A Pastoral Juvenil propõe um projeto de vida baseado em Cristo: a construção de uma casa, de uma família construída sobre a rocha (Mt 7,24-25). Para a maioria deles, esta família, este projeto se concretizará no casamento e no amor conjugal. Por isso, é necessário que a Pastoral Juvenil e a Pastoral Familiar tenham uma continuidade natural, trabalhando de maneira coordenada e integrada para acompanhar adequadamente o processo vocacional.

243. A comunidade desempenha papel muito importante no acompanhamento dos jovens, e toda a comunidade deveria se sentir responsável por acolhê-los, motivá-los, encorajá-los e estimulá-los. Isso implica olhar para os jovens com compreensão, valorização e carinho, e não os julgar continuamente ou lhes exigir uma perfeição que não corresponde a sua idade.

244. No Sínodo, "muitos apontaram a carência de pessoas especializadas e dedicadas ao acompanhamento. Acreditar no valor teológico e pastoral da escuta envolve uma reflexão para renovar as formas com as quais é habitualmente exercido o ministério presbiteral e rever suas prioridades. Além disso, o Sínodo reconhece a necessidade de preparar consagrados e leigos, homens e mulheres, qualificados para o acompanhamento dos jovens. O carisma da escuta que o Espírito Santo suscita nas comunidades também poderia receber uma forma de reconhecimento institucional para o serviço eclesial".[22]

---

[22] DF, 9.

245. Além disso, é necessário acompanhar especialmente os jovens que estão emergindo como potenciais líderes para serem formados e preparados. Os jovens que se reuniram antes do Sínodo pediram que se desenvolvam "programas de liderança juvenil para a formação e desenvolvimento contínuo de jovens líderes. Algumas jovens sentem falta de figuras femininas de referência dentro da Igreja para a qual desejam elas também contribuir com seus dons intelectuais e profissionais. Acreditamos ainda que seminaristas, religiosos, deveriam ser mais capacitados para acompanhar os jovens que desempenham tais responsabilidades".[23]

246. Os próprios jovens nos descreveram quais são as características que esperam encontrar em quem os acompanha, e o expressaram claramente: "As qualidades do acompanhador incluem: ser um autêntico cristão comprometido com a Igreja e com o mundo; que busque constantemente a santidade; que compreenda sem julgar; que escute ativamente as necessidades dos jovens e responda com gentileza; que seja bondoso e consciente de si mesmo; que reconheça seus limites e que conheça a alegria e o sofrimento que todo caminho espiritual implica. Uma característica especialmente importante em um acompanhador é o reconhecimento

---

[23] Documento da reunião pré-sinodal para a preparação do XV Assembleia Geral Ordinária do Sínodo dos Bispos (24 de março de 2018), 12.

da própria humanidade. Que são seres humanos que cometem erros: pessoas imperfeitas, que se reconhecem como pecadores perdoados. Às vezes, os acompanhadores são colocados em um pedestal e, portanto, quando caem, provocam um impacto devastador sobre a capacidade de os jovens envolverem-se na Igreja.

Os acompanhadores não deveriam levar os jovens a ser seguidores passivos, mas sim a andar ao seu lado, deixando-os ser protagonistas do próprio caminho. Devem respeitar a liberdade que o jovem tem em seu processo de discernimento e oferecer-lhe ferramentas para fazerem o melhor. Um acompanhador deve estar profundamente convicto da capacidade de um jovem participar na vida da Igreja. Portanto, um acompanhador deve plantar simplesmente a semente da fé nos jovens sem querer ver imediatamente os frutos do trabalho do Espírito Santo. O papel de acompanhador não é, nem pode ser, exclusivo dos presbíteros e dos consagrados, mas os leigos também devem poder exercê-lo. Por último, todos esses acompanhadores deveriam beneficiar-se de uma boa formação permanente".[24]

247. Sem dúvida, as instituições educacionais da Igreja são um ambiente comunitário de acompanhamento que permite guiar muitos jovens, sobretudo quando "eles tentam acolher todos os jovens,

---

[24] Ibidem, 10.

independentemente das suas opções religiosas, origem cultural e situação pessoal, familiar ou social. Desse modo, a Igreja dá uma contribuição fundamental para a educação integral dos jovens nas mais diversas partes do mundo".[25] Reduziriam indevidamente sua função se estabelecessem critérios rígidos para a entrada de estudantes ou para sua permanência neles, porque eles privariam muitos jovens de um acompanhamento que os ajudaria a enriquecer sua vida.

---

[25] DF, 15.

Capítulo VIII
A VOCAÇÃO

248. É verdade que a palavra "vocação" pode ser entendida em um sentido amplo, como o de Deus. Inclui o chamado à vida, o chamado à amizade com ele, o chamado à santidade etc. Isso é valioso, porque situa toda a nossa vida diante de Deus, que nos ama e nos permite entender que nada é fruto de um caos sem sentido, mas que tudo pode ser integrado em um caminho de resposta ao Senhor, que tem um projeto estupendo para nós.

249. Na Exortação Apostólica *Gaudete et Exsultate* quis debruçar-me sobre a vocação de todos no crescimento para a glória de Deus, propondo-me "fazer ressoar mais uma vez o chamado à santidade, procurando encarná-lo no contexto atual, com seus riscos, desafios e oportunidades".[1] O Concílio Vaticano II nos ajudou a renovar a consciência deste chamado dirigido a cada um: "Todos os cristãos, de qualquer condição ou estado, são chamados pelo Senhor, cada um por

---

[1] FRANCISCO. Exortação Apostólica *Gaudete et Exsultate*: sobre o chamado à santidade no mundo atual. São Paulo: Paulinas, 2018, 2.

seu caminho, para a perfeição da santidade pela qual o próprio Deus é perfeito".[2]

Seu chamado à amizade com Ele

250. O fundamental é discernir e descobrir que o que Jesus quer de cada jovem é, acima de tudo, sua amizade. Esse é o discernimento fundamental. No diálogo do Senhor Ressuscitado com seu amigo Simão Pedro, a grande questão era: "Simão, filho de João, tu me amas?" (Jo 21,16). Quer dizer: "Queres-me como amigo?". A missão que Pedro recebe de cuidar de suas ovelhas e de seus cordeiros sempre estará ligada a este amor gratuito, este amor de amigo.

251. E se for necessário um exemplo contrário, vamos lembrar o encontro-desencontro do Senhor com o jovem rico, que nos diz claramente que o que esse jovem não percebeu foi o olhar amoroso do Senhor (Mc 10,21). Foi embora entristecido, depois de ter seguido um bom impulso, porque não pôde desviar o olhar das muitas coisas que tinha (Mt 19,22). Perdeu a oportunidade do que certamente poderia ter sido uma grande amizade. E ficamos sem saber o que poderia ter sido para nós, o que poderia ter feito para a humanidade,

---

[2] CONCÍLIO VATICANO II. Constituição Dogmática *Lumen Gentium*: sobre a Igreja. 23ª ed. São Paulo: Paulinas, 2011.

esse jovem único a quem Jesus olhou com amor e a quem estendeu a mão.

252. Porque "a vida que Jesus nos dá é uma história de amor, uma história de vida que quer misturar-se com a nossa e criar raízes na terra de cada um. Essa vida não é uma salvação suspensa 'na nuvem', à espera de ser baixada, nem um novo 'aplicativo' para descobrir ou um exercício mental fruto de técnicas de autoaperfeiçoamento. Nem a vida que Deus nos oferece é um 'tutorial' com o qual aprendemos a última novidade. A salvação que Deus nos dá é um convite para fazer parte de uma história de amor que se entrelaça com nossas histórias; que vive e quer nascer entre nós para que produzamos frutos onde quer que estejamos, como estejamos e com quem estejamos. Precisamente aí vem o Senhor a plantar e a plantar-se".[3]

Ser para os outros

253. Gostaria de me dedicar agora à vocação entendida no sentido específico de chamamento ao serviço missionário dos outros. Somos chamados pelo Senhor para participar de sua obra criadora, prestando

---
[3] FRANCISCO. Discurso na Vigília com os jovens na XXXIV Jornada Mundial da Juventude no Panamá (26 de janeiro de 2019): *L'Osservatore Romano*, ed. semanal em espanhol (1º de fevereiro de 2019), p. 12.

nossa contribuição para o bem comum a partir das capacidades que recebemos.

254. Essa vocação missionária tem a ver com nosso serviço aos outros. Com efeito, a nossa vida na terra atinge sua plenitude quando se transforma em oferta. Lembro que "a missão no coração do povo não é uma parte da minha vida, ou um ornamento que possa pôr de lado; não é um apêndice ou um momento entre tantos outros da minha vida. É algo que não posso arrancar do meu ser, se não me quero destruir. Eu sou uma missão nesta terra, e para isso estou neste mundo".[4] Portanto, devemos pensar que toda a pastoral é vocacional, toda a formação é vocacional e toda a espiritualidade é vocacional.

255. A tua vocação não consiste apenas em atividades que tenhas a fazer, embora se expresse nelas. É algo mais! É um percurso que levará muitos esforços e muitas ações em direção ao serviço. Por isso, no discernimento de uma vocação, é importante ver se a pessoa reconhece em si mesma as capacidades necessárias para esse serviço específico à sociedade.

256. Isso confere um valor muito grande a tais tarefas, pois deixam de ser uma soma de ações que a pessoa executa para ganhar dinheiro, para estar ocupada ou para agradar os outros. Tudo isso faz parte de uma

---

[4] FRANCISCO. Exortação Apostólica *Evangelii Gaudium*: a Alegria do Evangelho. São Paulo: Paulinas, 2013, 273.

vocação, mas, porque fomos chamados, há algo mais do que mera escolha pragmática nossa. Em última análise, é reconhecer o fim para o qual fui feito, o objetivo de minha passagem por esta terra, o plano do Senhor para minha vida. Ele não vai me indicar todos os lugares, tempos e detalhes, que eu escolherei com prudência, mas certamente há uma orientação da minha vida que ele deve me indicar porque ele é meu Criador, meu oleiro, e eu preciso ouvir sua voz para me deixar moldar e conduzir para ele. Então, serei o que deveria ser, e também serei fiel a minha própria realidade.

257. Para realizar a própria vocação, é necessário se desenvolver, fazer germinar e crescer tudo o que a pessoa é. Não se trata de inventar-se, criar-se do nada, mas da descoberta de si mesmo à luz de Deus e de fazer florescer o próprio ser: "Nos desígnios de Deus, cada homem é chamado a desenvolver-se, porque a vida de todo homem é vocação".[5] Tua vocação te orienta para oferecer o melhor de ti para a glória de Deus e para o bem dos outros. Não se trata apenas de fazer coisas, mas fazê-las com um significado, com uma orientação. A propósito, Santo Alberto Hurtado dizia aos jovens que se deve considerar muito sério o rumo: "Em um barco o piloto negligente é demitido sem remissão,

---

[5] PAULO VI. Carta Encíclica *Populorum Progressio*: sobre o desenvolvimento dos povos. Roma, 26 de março de 1967, 15. Disponível em: <http://w2.vatican.va/content/paul-vi/pt/encyclicals/documents/hf_p-vi_enc_26031967_populorum.html>.

porque joga com algo demasiado sagrado. E na vida cuidamos de nosso rumo? Qual é o teu rumo? Haveria necessidade de nos deter mais sobre essa questão; peço a cada um de vós que lhe dê a máxima importância, porque acertar nisso equivale simplesmente a ter êxito; e não o conseguir é simplesmente falhar".[6]

258. Esse "ser para os outros" na vida de cada jovem está geralmente relacionado a duas questões básicas: a formação de uma nova família e o trabalho. As várias pesquisas feitas com jovens confirmam, repetidamente, que são estes os dois principais temas que os preocupam e os entusiasmam. Ambos devem ser objeto de um discernimento especial. Detenhamo-nos brevemente neles.

O amor e a família

259. Os jovens sentem fortemente o chamado ao amor e sonham encontrar a pessoa certa com quem formar uma família e construir uma vida juntos. Sem dúvida, é uma vocação que o próprio Deus propõe através de sentimentos, desejos, sonhos. Dediquei-me, longamente, a este tema na Exortação *Amoris Laetitia* e convido todos os jovens a ler especialmente os capítulos 4 e 5.

---

[6] SANTO ALBERTO HURTADO. Meditação da Semana Santa para jovens, escrita a bordo de um cargueiro, retornando dos Estados Unidos, em 1946. Disponível em: https://www.padrealbertohurtado.cl/escritos-2/.

260. Apraz-me pensar que "dois cristãos que se casam reconheceram em sua história de amor o chamado do Senhor, a vocação de formar de duas pessoas, homem e mulher, uma só carne, uma só vida. O sacramento do Matrimônio envolve este amor com a graça de Deus, enraizado no próprio Deus. Com este dom, com a certeza deste chamado, é possível começar com segurança, sem medo de nada, para juntos enfrentar tudo!".[7]

261. Nesse contexto, lembro que Deus nos criou sexuados. Ele mesmo "criou a sexualidade, que é um presente maravilhoso para as suas criaturas".[8] Dentro da vocação ao Matrimônio, há que reconhecer e agradecer que " a sexualidade, o sexo, são um dom de Deus. Nada de tabus. São um dom de Deus, um dom que o Senhor nos dá. Eles têm dois propósitos: amar-se e gerar a vida. É uma paixão, é amor apaixonado. O verdadeiro amor é apaixonado. O amor entre um homem e uma mulher, quando é apaixonado, te leva a dar vida para sempre. Sempre. E a dá-la com corpo e alma".[9]

262. O Sínodo salientou que "a família continua sendo o principal ponto de referência para os jovens.

---

[7] FRANCISCO. Encontro com os jovens da Úmbria em Assis (4 de outubro de 2013): AAS 105 (2013), 921.

[8] FRANCISCO. Exortação Apostólica *Amoris Laetitia*: sobre o amor na família. São Paulo: Paulinas, 2016, 150.

[9] FRANCISCO. Audiência aos jovens da diocese de Grenoble-Vienne (17 de setembro de 2018): *L'Osservatore Romano* (19 de setembro de 2018), p. 8.

Os filhos apreciam o amor e os cuidados dos pais, dão importância aos laços familiares e esperam sua vez de formar uma família. Sem dúvida, o aumento das separações, dos divórcios, das segundas uniões e das famílias monoparentais pode causar grandes sofrimentos e crises de identidade nos jovens. Às vezes, devem assumir responsabilidades desproporcionais à sua idade, forçando-os a serem adultos antes do tempo. Os avós são, muitas vezes, uma ajuda decisiva no afeto e educação religiosa: com a sua sabedoria são um elo decisivo na relação entre gerações".[10]

263. É verdade que as dificuldades que sofrem em sua família de origem levam muitos jovens a se perguntarem se vale a pena formar uma nova família, ser fiéis, ser generosos. Quero lhes dizer que sim, vale a pena apostar na família e que nela encontrarão os melhores estímulos para amadurecer e as mais belas alegrias para compartilhar. Não deixem que lhes roubem a possibilidade de amar de verdade. Não se deixem enganar por quem propõe uma vida desenfreada e individualista, que acaba por levar ao isolamento e à pior solidão.

264. Reina, hoje, uma cultura do provisório, que é uma ilusão. Julgar que nada pode ser definitivo é um engano e uma mentira. Muitas vezes "algumas pessoas

---

[10] DF, 32.

dizem que hoje o casamento está 'fora de moda' [...]. Na cultura do provisório, do relativo, muitos pregam que o importante é 'curtir' o momento, que não vale a pena comprometer-se por toda a vida, fazer escolhas definitivas. [...] Em vez disso, peço-lhes que sejam revolucionários, peço-lhes para ir contra a corrente; sim, nisto lhes peço para se rebelar contra essa cultura do provisório, que, no fundo, acredita que não sois capazes de assumir responsabilidades, acreditam que vós não são capazes de amar de verdade".[11] Eu, sim, tenho confiança em vós, e, por isso, encorajo-os a optar pelo Matrimônio.

265. É necessário preparar-se para o Matrimônio, e isso requer se educar, desenvolvendo as melhores virtudes, especialmente o amor, a paciência, a capacidade de diálogo e de serviço. Implica também educar a própria sexualidade para que seja cada vez menos um instrumento para usar os outros e cada vez mais uma capacidade de se doar plenamente a uma pessoa, de maneira exclusiva e generosa.

266. Os Bispos da Colômbia nos ensinaram que "Cristo sabe que os esposos não são perfeitos e que eles precisam superar sua fragilidade e inconstância para que seu amor possa crescer e durar. Por isso, concede aos cônjuges sua graça, que é, ao mesmo tempo, luz e

---

[11] FRANCISCO. Encontro com os voluntários do XXVIII Dia Mundial da Juventude no Rio de Janeiro (28 de julho de 2013): *Insegnamenti*, 1.2 (2013), 125.

força que lhes permite realizar o seu projeto de vida matrimonial de acordo com o plano de Deus".[12]

267. Para aqueles que não são chamados ao Matrimônio, nem à vida consagrada, devemos lembrar sempre que a primeira vocação, e a mais importante, é a vocação batismal. Os solteiros, mesmo se não for por escolha, podem se tornar testemunhas dessa vocação, em particular, em seu próprio caminho do crescimento pessoal.

O trabalho

268. Os Bispos dos Estados Unidos indicaram com clareza que a juventude, uma vez atingida a maioridade, "geralmente marca a entrada de uma pessoa no mundo do trabalho. 'Que faz para viver?' é tema constante de conversa, porque o trabalho é uma parte muito importante da sua vida. Para os jovens adultos, essa experiência é muito fluida, porque passam de um trabalho para outro e até mesmo passam de uma carreira para outra. Trabalho pode definir o uso do tempo e determinar o que eles podem fazer ou comprar. Também pode determinar a qualidade e a quantidade de tempo livre. O trabalho define e influi na identidade e noção de si mesmo que tem um jovem adulto e é um

---

[12] Conferência Episcopal da Colômbia. Mensagem Cristã sobre casamento (14 de maio de 1981).

lugar fundamental onde amizades e outras relações se desenvolvem, porque geralmente não se trabalha sozinho. Homens e mulheres jovens falam do trabalho como realização de uma função e como algo que lhes proporciona um sentido. Permite aos jovens adultos atender às suas necessidades práticas, porém, ainda mais importante é buscar o significado e a realização de seus sonhos e suas visões. Embora o trabalho não o ajude a alcançar os seus sonhos, é importante para os jovens adultos cultivar uma visão, aprender a trabalhar de forma muito pessoal e satisfatória para sua vida, e continuar a discernir o chamado de Deus".[13]

269. Peço aos jovens que não esperem viver sem trabalhar, dependendo da ajuda de outros. Isso não faz bem, porque "o trabalho é uma necessidade, faz parte do sentido da vida nesta terra, é caminho de maturação, desenvolvimento humano e realização pessoal. Nesse sentido, ajudar os pobres com dinheiro deve ser sempre um remédio provisório para enfrentar emergências".[14] Assim, a "espiritualidade cristã, a par da admiração contemplativa das criaturas que encontramos em São Francisco de Assis, desenvolveu também uma rica e

---

[13] Conferência dos Bispos Católicos dos Estados Unidos. Filhos e Filhas da Luz: um plano pastoral para o ministério com Jovens Adultos (12 de novembro de 1996), I, 3.

[14] FRANCISCO. Carta Encíclica *Laudato Si'*: sobre o cuidado da Casa Comum. São Paulo: Paulinas, 2016, 128.

sadia compreensão do trabalho, como podemos encontrar, por exemplo, na vida do Bem-aventurado Charles de Foucauld e seus discípulos".[15]

270. O Sínodo salientou que o mundo do trabalho é um campo no qual os jovens "experimentam formas de exclusão e marginalização. A primeira e a mais grave é o desemprego juvenil, que em alguns países atinge níveis exorbitantes. Além de empobrecê-los, a falta de trabalho cerceia nos jovens a capacidade de sonhar e esperar, e priva-os da possibilidade de contribuir para o desenvolvimento da sociedade. Em muitos países, essa situação depende do fato de alguns segmentos da população juvenil carecerem de habilidades profissionais adequadas, também por causa das deficiências do sistema educacional e formativo. Com frequência, a precariedade ocupacional que aflige os jovens responde à exploração laboral por interesses econômicos".[16]

271. É uma questão muito delicada que a política deve considerar como prioridade, sobretudo hoje que a velocidade dos avanços tecnológicos, aliada à obsessão de reduzir os custos laborais, pode levar rapidamente à substituição de inúmeros empregos por máquinas. Trata-se de uma questão fundamental da sociedade, porque o trabalho para um jovem não é simplesmente

---

[15] Ibidem, 125.
[16] DF, 40.

uma atividade para ganhar dinheiro. É uma expressão da dignidade humana, é caminho de maturação e integração social, é um estímulo constante para crescer em responsabilidade e criatividade, é uma proteção contra a tendência ao individualismo e comodismo, e serve também para dar glória a Deus com o desenvolvimento das próprias capacidades.

272. Nem sempre um jovem tem a possibilidade de decidir a que dedicará os seus esforços, em que tarefas vai empregar suas energias e a sua capacidade de inovação. Porque, além de seus próprios desejos, e até mesmo além de suas próprias habilidades e discernimento, há os duros limites da realidade. É verdade que não podes viver sem trabalhar e que, às vezes, tens que aceitar o que encontras, mas nunca renuncies os teus sonhos, nunca enterres definitivamente uma vocação, nunca te dês por vencido. Sempre continue procurando, pelo menos, modalidades parciais ou imperfeitas de viver aquilo que, no teu discernimento, reconheces como uma verdadeira vocação.

273. Quando alguém descobre que Deus o chama para alguma coisa, que é feito para isso – seja de enfermagem, carpintaria, comunicação, engenharia, ensino, arte ou qualquer outro trabalho –, então será capaz de desenvolver as suas melhores capacidades de sacrifício, de generosidade e de dedicação. O fato de uma pessoa saber que não faz as coisas por fazer, mas com um significado, como resposta a um chamado que ressoa nas profundezas do seu ser, para contribuir com algo para o bem dos outros, isto faz com que essas atividades deem ao próprio coração uma particular experiência de plenitude. Assim diz o livro bíblico do Eclesiastes: "Compreendi que nada de melhor há para o ser humano do que alegrar-se com seu trabalho" (Ecl 3,22).

Vocações para uma consagração especial

274. Se partirmos da convicção de que o Espírito continua a suscitar vocações ao sacerdócio, à vida religiosa, podemos "voltar a lançar as redes" em nome do Senhor, com toda confiança. Podemos ousar, e devemos fazê-lo, ter a coragem de dizer a cada jovem que se interrogue sobre a possibilidade de seguir este caminho.

275. Algumas vezes, fiz esta proposta a jovens que me responderam quase com zombaria, dizendo: "Não! Na verdade, não me sinto inclinado para esse lado". Todavia, anos mais tarde, alguns deles estavam no Seminário. O Senhor não pode falhar em sua promessa de não deixar a Igreja privada dos pastores, sem os quais não poderia viver ou realizar sua missão. E, se alguns sacerdotes não dão um bom testemunho, não é por isso que o Senhor deixará de chamar. Ao contrário, ele redobra a aposta, porque não cessa de cuidar de sua amada Igreja.

276. No discernimento de uma vocação, não se deve excluir a possibilidade de se consagrar a Deus no sacerdócio, na vida religiosa ou em outras formas de consagração. Por que excluir isso? Podes ter a certeza de que, se reconheceres um chamado de Deus e o seguires, será isso que dará plenitude a tua vida.

277. Jesus caminha entre nós como fazia na Galileia. Ele atravessa nossas ruas, para e nos olha nos olhos, sem pressa. Seu chamado é atraente, fascinante. Mas hoje a ansiedade e velocidade de tantos estímulos que nos bombardeiam fazem com que não haja espaço para aquele silêncio interior onde se percebe o olhar de Jesus e se escuta o seu chamado. Enquanto isso, receberás muitas propostas maquiadas que parecem belas e intensas, embora com o tempo te deixarão vazio, cansado e só. Não deixes que isso te aconteça, porque o turbilhão deste mundo te leva a uma corrida sem sentido, sem orientação, sem objetivos claros e, assim, muitos de seus esforços serão arruinados. Procure, antes, os espaços de calma e silêncio que te permitam refletir, rezar, ver melhor o mundo que te rodeia, e então, sim, com Jesus, poderás reconhecer qual é a tua vocação nesta terra.

Capítulo IX
O DISCERNIMENTO

278. Quanto ao discernimento em geral, já me dediquei na Exortação Apostólica *Gaudete et Exsultate*. Permitam-me retomar algumas daquelas reflexões, aplicando-as ao discernimento da vocação no mundo.

279. Lembro que todos, mas "especialmente os jovens, estão expostos a um *zapping* constante. É possível navegar simultaneamente em dois ou três visores e interagir ao mesmo tempo em diferentes cenários virtuais. Sem a sapiência do discernimento, podemos facilmente transformar-nos em marionetes à mercê das tendências da ocasião".[1] E "isso se revela particularmente importante quando aparece uma novidade na própria vida, sendo necessário, então, discernir se é o vinho novo que vem de Deus ou uma novidade enganadora do espírito do mundo ou do espírito maligno".[2]

280. Esse discernimento, "embora inclua a razão e a prudência, supera-as, porque trata-se de entrever o

---

[1] FRANCISCO. Exortação Apostólica *Gaudete et Exsultate*: sobre o chamado à santidade no mundo atual. São Paulo: Paulinas, 2018, 167.

[2] Ibidem, 168.

mistério daquele projeto, único e irrepetível, que Deus tem para cada um [...]. Está em jogo o sentido da minha vida diante do Pai que me conhece e ama, aquele sentido verdadeiro para o qual posso orientar a minha existência e que ninguém conhece melhor do que ele".[3]

281. Nesse contexto, situa-se a formação da consciência, que permite que o discernimento cresça em profundidade e na fidelidade a Deus: "Formar a consciência requer o caminho da vida inteira, no qual se aprende a cultivar os mesmos sentimentos de Jesus Cristo, assumindo os critérios de suas opções e as intenções de seu modo de agir (Fl 2,5)".[4]

282. Essa formação implica deixar-se transformar por Cristo e, ao mesmo tempo, "uma prática habitual do bem, verificada no exame de consciência: um exercício no qual não se trata apenas de identificar os pecados, mas também de reconhecer a obra de Deus na própria experiência cotidiana, nos acontecimentos da história e das culturas de onde se está inserido, no testemunho de tantos homens e mulheres que nos precederam ou acompanham com sua sabedoria. Tudo isso ajuda a crescer na virtude da prudência, articulando a orientação global da existência com as opções concretas, na consciência serena dos próprios dons e limites".[5]

---

[3] Ibidem, 170.
[4] DF, 108.
[5] Idem.

Como discernir tua vocação

283. Uma expressão de discernimento é o esforço por reconhecer a própria vocação. É uma tarefa que requer espaços e solidão, porque se trata de uma decisão muito pessoal que mais ninguém pode tomar em nosso lugar: "Embora o Senhor nos fale de muitos e variados modos durante o nosso trabalho, através dos outros e a todo momento, não é possível prescindir do silêncio da oração prolongada para perceber melhor aquela linguagem, para interpretar o significado real das inspirações que julgamos ter recebido, para acalmar as ansiedades e recompor o conjunto da própria vida à luz de Deus".[6]

284. Esse silêncio não é uma forma de isolamento, pois devemos nos lembrar de que "o discernimento orante exige partir da predisposição para escutar: o Senhor, os outros, a própria realidade que não cessa de nos interpelar de novas maneiras. Somente quem está disposto a escutar é que tem a liberdade de renunciar a seu ponto de vista parcial e insuficiente [...]. Dessa forma, está realmente disponível para acolher um chamado que quebra as suas seguranças, mas leva-o a uma vida melhor, porque não é suficiente que tudo corra bem, que tudo esteja tranquilo. Pode acontecer

---

[6] FRANCISCO. Exortação Apostólica *Gaudete et Exsultate*: sobre o chamado à santidade no mundo atual. São Paulo: Paulinas, 2018, 171.

que Deus nos esteja oferecendo algo mais e, na nossa cômoda distração, não o reconheçamos".[7]

285. Quando se trata de discernir a própria vocação, é necessário fazer várias perguntas. Não se deve começar por questionar onde se poderia ganhar mais dinheiro, onde se poderia obter mais fama e prestígio social, mas também não é conveniente começar a se perguntar quais tarefas lhe dariam mais prazer. Para não se enganar, é preciso mudar de perspectiva, perguntando: Conheço a mim mesmo, para além das aparências ou dos meus sentimentos? Sei o que alegra ou entristece o meu coração? Quais são os meus pontos fortes e as minhas fragilidades? E, logo a seguir, vêm outras perguntas: Como posso servir melhor e ser mais útil para o mundo e a Igreja? Qual é o meu lugar nesta terra? O que eu poderia oferecer à sociedade? E surgem logo outras muito realistas: Tenho as habilidades necessárias para prestar este serviço? Em caso negativo, poderei adquiri-las e desenvolvê-las?

286. Estas questões devem ser colocadas não tanto em relação à própria pessoa e a suas inclinações, mas em relação aos outros, para que o discernimento enquadre a própria vida relacionada aos outros. Por isso, quero lembrar qual é a grande questão: "Muitas vezes, na vida, perdemos tempo nos perguntando: 'Mas quem

---

[7] Ibidem, 172.

sou eu?'. E podes levar a vida inteira a questionar-te, procurando saber quem és. Mas pergunte a si mesmo: 'Para quem sou eu?'".[8] És para Deus, sem dúvida alguma; mas ele quis que fosses também para os outros, e colocou em ti muitas qualidades, inclinações, dons e carismas, que não são para ti, mas para os outros.

O chamado do amigo

287. Para discernir a própria vocação é preciso reconhecer que essa vocação é o chamado de um amigo: Jesus. Aos amigos, quando se dá algo, se oferece o melhor. Isso não significa que seja necessariamente o mais caro ou difícil de conseguir, mas o que dará alegria ao outro. Um amigo percebe isso tão claramente que pode visualizar em sua imaginação o sorriso de seu amigo, quando ele abrir o presente. Esse discernimento de amizade é o que eu proponho aos jovens como modelo, se buscam encontrar qual a vontade de Deus para suas vidas.

288. Quero que saibam que o Senhor, quando pensa em alguém, do que gostaria de dar, pensa como seu amigo pessoal. E se planejou te dar uma graça, um carisma que te fará viver plenamente a vida,

---

[8] FRANCISCO. Discurso na Vigília de Oração em preparação para a XXXIV Jornada Mundial da Juventude, Basílica de Santa Maria Maior (8 de abril de 2017): AAS 109 (2017), 447.

transformando-te em uma pessoa útil para os outros, em alguém que deixa uma marca na história, certamente será algo que te fará feliz no mais íntimo de ti mesmo e te entusiasmará mais do que qualquer outra coisa neste mundo. Não porque o dom concedido seja um carisma extraordinário ou raro, mas porque é justo na tua medida, na medida de toda tua vida.

289. O dom da vocação será, sem dúvida, um presente exigente. Os dons de Deus são interativos e, para apreciá-los, é preciso arriscar. Não será um dever imposto por outro de fora, mas algo que te estimulará a crescer e a optar para que esse presente te amadureça e se transforme em dom para os outros. Quando o Senhor suscita uma vocação, não apenas pensa no que tu és, mas em tudo o que, junto a ele e os outros, virás a ser.

290. A energia da vida e a força da própria personalidade se alimentam mutuamente, no interior de cada jovem, e impelem-no a ultrapassar todos os limites. A inexperiência permite que isso flua, embora logo se transforme em experiência, muitas vezes dolorosa. É importante colocar em contato esse desejo de "infinito do começo ainda não posto à prova"[9] com a amizade incondicional que Jesus nos oferece. Antes de toda lei e de todo dever, o que Jesus nos propõe para escolher

---

[9] GUARDINI, Romano. Le età della vita, em *Opera omnia* IV, 1, Brescia, 2015, p. 209.

é um seguimento como o de amigos que se visitam, se procuram e encontram puramente por amizade. Tudo mais vem depois, e até os fracassos da vida poderão ser uma experiência inestimável dessa amizade que nunca se rompe.

Escuta e acompanhamento

291. Há sacerdotes, religiosos e religiosas, leigos, profissionais e até jovens qualificados que podem acompanhar os jovens em seu discernimento vocacional. Quando nos cabe ajudar o outro a discernir o caminho de sua vida, a primeira coisa é escutar. Essa escuta pressupõe três sensibilidades ou atenções diferentes e complementares.

292. A primeira sensibilidade ou atenção é para a pessoa. Trata-se de ouvir o outro que está se revelando em suas palavras. O sinal dessa escuta é o tempo que dedico ao outro. Não é uma questão de quantidade, mas que o outro sinta que o meu tempo é seu: aquele que ele precisa para me expressar o que quiser. Ele deve sentir que eu ouço incondicionalmente, sem ofensa, sem escândalo, sem me incomodar, sem cansar. Esta é a escuta que o Senhor realiza, quando começa a andar ao lado dos discípulos de Emaús e os acompanha por um longo tempo, por um caminho cuja direção seguida é oposta à correta (Lc 24,13-35). Quando Jesus faz menção de seguir adiante, porque eles tinham chegado a sua casa, esses entendem que ele lhes oferecera o seu tempo, e então lhe dão o deles e lhe oferecem hospedagem. Essa escuta atenta e desinteressada indica o valor que a outra pessoa tem para nós, além de suas ideias e escolhas de vida.

293. A segunda sensibilidade ou atenção é o discernir. Trata-se de individuar o ponto certo onde se discerne o que é graça e o que é tentação. Com efeito, às vezes, as coisas que cruzam nossa imaginação não passam de tentações que nos afastam do nosso verdadeiro caminho. Aqui, preciso me interrogar: O que está me dizendo exatamente essa pessoa? O que quer me dizer? Que deseja que eu compreenda do que lhe acontece? Essas são perguntas que ajudam a entender onde se ligam os argumentos que movem o outro e a sentir o peso e o ritmo dos efeitos influenciados por essa lógica. Tal escuta tem em vista discernir as palavras salvíficas do Espírito bom, que nos propõe a verdade do Senhor, mas também as armadilhas do espírito mau, suas falácias e suas seduções. É preciso ter a bravura, o carinho e a delicadeza necessários para ajudar o outro a reconhecer a verdade e os enganos ou as desculpas.

294. A terceira sensibilidade ou atenção consiste em escutar os impulsos que o outro experimenta ao olhar adiante. É a escuta profunda do lugar "para onde o outro realmente quer ir". Mais além do que sente e pensa no presente e do que fez no passado, a atenção é direcionada para o que deseja ser. Às vezes, isso implica que a pessoa não olhe tanto para o que gosta, seus desejos superficiais, mas o que mais agrada ao Senhor, o seu projeto para a própria vida que se expressa em uma inclinação do coração, além da aparência, dos gostos e dos sentimentos. Essa escuta é atenção para a intenção última, que é o que finalmente decide a vida, porque há alguém como Jesus que entende e valoriza essa intenção última do coração. Por isso, ele está sempre disposto a ajudar cada um a reconhecê-la, e para isso basta que alguém lhe diga: "Senhor, salva-me! Tem misericórdia de mim!".

295. Então, o discernimento se torna um instrumento de forte compromisso para seguir melhor o Senhor.[10] Assim, o desejo de reconhecer a própria vocação adquire uma intensidade suprema, uma qualidade diferente e um nível superior, que responde muito melhor à dignidade da própria vida. Porque, em última análise, um bom discernimento é caminho de liberdade que faz aflorar a realidade singular de cada pessoa, aquilo que é tão seu, tão pessoal, que só Deus sabe. Os outros não podem compreender plenamente, nem prever de fora como se desenvolverá.

---

[10] FRANCISCO. Exortação Apostólica *Gaudete et Exsultate*: sobre o chamado à santidade no mundo atual. São Paulo: Paulinas, 2018, 169.

296. Portanto, quando alguém escuta o outro dessa forma, em dado momento tem que desaparecer para deixá-lo seguir esse caminho que descobriu. Desaparecer como desaparece o Senhor da vista dos seus discípulos, deixando-os sozinhos com o ardor do coração, que se transforma em um impulso irresistível de se colocarem a caminho (Lc 24,31-33). De volta à comunidade, os discípulos de Emaús receberão a confirmação de que o Senhor verdadeiramente ressuscitou (Lc 24,34).

297. Como "o tempo é superior ao espaço",[11] devemos suscitar e acompanhar processos, não impor percursos. Trata-se de processos de pessoas que sempre são únicas e livres. Por isso, é difícil elaborar receituários, mesmo que todos os sinais sejam positivos, já que se "trata de submeter os mesmos fatores positivos a um discernimento cuidadoso, para que não se isolem um do outro nem estejam em contradição entre si, absolutizando-se e opondo-se reciprocamente. O mesmo pode ser dito sobre os fatores negativos: não há que rejeitá-los em bloco e sem distinção, porque em cada um deles pode se esconder algum valor, esperando para ser descoberto e reconduzido à sua plena verdade".[12]

---

[11] FRANCISCO. Exortação Apostólica *Evangelii Gaudium*: a Alegria do Evangelho. São Paulo: Paulinas, 2013, 222.
[12] JOÃO PAULO II. Exortação Apostólica pós-sinodal *Pastores Dabo Vobis*, sobre a formação dos sacerdotes nas circunstâncias atuais, 10. Disponível em:

298. Mas para acompanhar os outros neste caminho, primeiro precisas ter o hábito de percorrê-lo tu próprio. Maria fez isso, enfrentando as próprias dificuldades, quando era ainda muito jovem. Que ela renove a tua juventude com a força de sua oração e te acompanhe sempre com a sua presença de Mãe.

E, para concluir, um desejo

299. Queridos jovens, ficarei feliz vendo-vos correr mais rápido que os lentos e os medrosos. Correr "atraídos por esse Rosto tão amado, que adoramos na Sagrada Eucaristia e reconhecemos na carne do irmão sofredor. Que o Espírito Santo vos impulsione nesta corrida adiante. A Igreja necessita de vosso entusiasmo, de vossas intuições, de vossa fé. Fazei-nos falta! E quando chegardes aonde nós ainda não chegamos, tende paciência de esperar por nós".[13]

Loreto, junto ao Santuário da Santa Casa,
25 de março, Solenidade da Anunciação do Senhor
do ano de 2019, sétimo do pontificado

Franciscus

---

http://w2.vatican.va/content/john-paul-ii/pt/apost_exhortations/documents/hf_jp-ii_exh_25031992_pastores-dabo-vobis.html.

[13] Encontro e oração com jovens italianos no *Circus Maximus* de Roma (11 de agosto de 2018): *L'Osservatore Romano* (13-14 de agosto de 2018), p. 6.

SUMÁRIO

Lista de siglas 5

Capítulo I

O que a Palavra de Deus diz sobre os jovens? 9
  No Antigo Testamento 9
  No Novo Testamento 11

Capítulo II

Jesus Cristo sempre jovem 17
  A juventude de Jesus 17
  Sua juventude nos ilumina 21
  A juventude da Igreja 23
    Uma Igreja que se deixa renovar 24
    Uma Igreja atenta aos sinais dos tempos 26
  Maria, a menina de Nazaré 29
  Jovens santos 31

Capítulo III

Vós sois o agora de Deus 37
  Aspectos positivos 37
  Muitas juventudes 39

Algumas coisas que acontecem aos jovens 40
Jovens de um mundo em crise 41
Desejos, feridas e buscas 45
O ambiente digital 48
Os migrantes como paradigma do nosso tempo 51
Pôr fim a todo tipo de abusos 54
Há saída 59

Capítulo IV

O grande anúncio para todos os jovens 65
Um Deus que é amor 65
Cristo te salva 69
Ele vive! 72
O Espírito dá vida 74

Capítulo V

Caminhos de juventude 77
Tempo de sonhos e de escolhas 77
A vontade de viver e de experimentar 82
Amizade com Cristo 85
Crescimento e amadurecimento 89
Trilhas de fraternidade 93
Jovens comprometidos 95
Missionários corajosos 100

Capítulo VI

Jovens com raízes 103
  Que não te arranquem da terra 103
  Tua relação com os idosos 107
  Sonhos e visões 109
  Arriscar juntos 112

Capítulo VII

A Pastoral dos Jovens 115
  Uma pastoral sinodal 115
  Grandes linhas de ação 118
  Ambientes adequados 121
  A pastoral das instituições educativas 124
  Diferentes âmbitos para desenvolvimentos pastorais 127
  Uma pastoral juvenil popular 131
  Sempre missionários 136
  O acompanhamento de adultos 137

Capítulo VIII

A vocação 143
  Seu chamado à amizade com Ele 144
  Ser para os outros 145
  O amor e a família 148
  O trabalho 152
  Vocações para uma consagração especial 156

Capítulo IX

O DISCERNIMENTO 159
   Como discernir tua vocação 161
   O chamado do amigo 163
   Escuta e acompanhamento 165
   E, para concluir, um desejo 169

Paulinas

Rua Dona Inácia Uchoa, 62
04110-020 – São Paulo – SP (Brasil)
Tel.: (11) 2125-3500
http://www.paulinas.com.br – editora@paulinas.com.br
Telemarketing e SAC: 0800-7010081